ESSAI
SUR
L'IMMORTALITÉ
AU POINT DE VUE DU
NATURALISME ÉVOLUTIONISTE

CONFÉRENCES
FAITES A L'UNIVERSITÉ DE GENÈVE, EN AVRIL 1894
ET A LA SORBONNE, EN MARS 1895
PAR
ARMAND SABATIER
DOYEN DE LA FACULTÉ DES SCIENCES ET DIRECTEUR DE L'INSTITUT DE ZOOLOGIE DE MONTPELLIER
DIRECTEUR DE LA STATION ZOOLOGIQUE DE CETTE

PARIS
LIBRAIRIE FISCHBACHER
(Société anonyme)
33, RUE DE SEINE, 33
—
1895
Tous droits réservés

ESSAI SUR L'IMMORTALITÉ

PRINCIPAUX OUVRAGES DU MÊME AUTEUR

1° **Études sur le Cœur et la Circulation centrale dans la série des Vertèbres** (Anatomie et Physiologie comparées; Philosophie naturelle). Ouvrage couronné par l'Institut. (Prix de physiologie expérimentale). In-4° de 461 pages, avec 16 planches. 1873. Montpellier, C. Coulet, libraire. Paris.

2° **Études sur la Moule commune (Mytilus edulis).** In-4° de 130 pages, avec 9 planches. 1877. Montpellier, Coulet, libraire.

3° **Comparaison des Ceintures et des Membres antérieurs et postérieurs dans la série des Vertèbres.** In-4° de 138 pages, avec 9 planches. 1880. Montpellier, Coulet, libraire.

4° **Du Mécanisme de la Respiration chez les Chéloniens.** In-4° de 21 pages, avec 2 planches. 1881.

5° **Recueil de Mémoires sur la Morphologie des éléments sexuels et sur la nature de la sexualité.** In-4° de 125 pages, avec 19 planches. 1886.

6° **Évolution et Liberté** (*Revue chrétienne*, 1885).

7° **Essai d'un Naturaliste transformiste sur quelques questions actuelles.** (Création, mal physique et mal moral). *Critique philosophique*, décembre 1886 et janvier 1887.

8° **Essai sur la vie et la mort.** 1 volume in-12 de 282 pages, formant le IV° volume de la Bibliothèque évolutioniste. Paris, Vve Babé, 1892.

9° **De la Spermatogenèse chez les Crustacés décapodes.** 1 volume grand in-8° de 100 pages avec 10 planches doubles et plus de 1000 figures. Montpellier, Coulet. Paris, Battaille et C¹°. 1893.

10° **De l'orientation de la méthode en évolutionisme.** (*Revue de métaphysique et de morale*, janvier 1895.)

ESSAI
SUR
L'IMMORTALITÉ
AU POINT DE VUE DU
NATURALISME ÉVOLUTIONISTE

CONFÉRENCES
FAITES A L'UNIVERSITÉ DE GENÈVE, EN AVRIL 1894
ET A LA SORBONNE, EN MARS 1895
PAR
ARMAND SABATIER
DOYEN DE LA FACULTÉ DES SCIENCES ET DIRECTEUR DE L'INSTITUT DE ZOOLOGIE DE MONTPELLIER
DIRECTEUR DE LA STATION ZOOLOGIQUE DE CETTE

PARIS
LIBRAIRIE FISCHBACHER
(Société anonyme)
33, RUE DE SEINE, 33
—
1895
Tous droits réservés

AVERTISSEMENT

Les Conférences qui sont contenues dans ce volume ont été faites à Genève, en avril 1894, dans l'Aula de l'Université, et à Paris, en mars 1895, à la Sorbonne. A Paris comme à Genève, elles ont été suivies par un nombreux auditoire qui leur a fait un sympathique accueil. Je tiens à remercier mes auditeurs de leur empressement et des encouragements qu'ils ont bien voulu me donner ; et je le fais en leur dédiant ce volume que je place sous leur patronage.

Montpellier, le 1ᵉʳ mai 1895.

A. SABATIER.

AVANT-PROPOS

Nous devons reconnaître que nous traversons des temps troublés. C'est au point de vue des consciences et de l'état des âmes que je parle. Le nombre des désorientés, de ceux qui cherchent en vain une croyance, une direction morale, ou qui même, hélas! ont renoncé à les chercher, est certainement très considérable. Les caractères, qui sont toujours le fruit d'une conviction ferme et d'une robuste volonté, perdent de leur relief et s'effacent. Il y a hésitation, indécision, découragement et, qui qui pis est, neutralité complète et inertie. Pour beaucoup, l'action et l'initiative sont inutiles; ils ne voient pas, ils ne soupçonnent même pas le port vers lequel doit être mis le cap de leur embarcation. Pourquoi, dès lors, déployer la voile et mettre la main à l'aviron? Le plus sage est de laisser l'esquif abandonné aux mouvements désordonnés de la houle et au souffle du vent. Laissons-le achever sa destinée, tantôt immobile et cloué par le calme plat, tantôt errant et vagabond, jusqu'à ce que le grand inconnu, le hasard, lui procure un heureux échouage ou l'ensevelisse dans l'abîme au fond duquel tout se mêle et se dissout dans la fluidité de la mort.

C'est là une situation douloureuse ; mais c'est encore une situation dangereuse. Car une société formée d'une telle incohérence et d'une telle inertie est une société malade, ou peut-être même mourante. A qui la faute? Qui doit-on accuser d'un tel état moral? La réponse à cette question variera singulièrement suivant qu'elle nous viendra de tel ou tel point de l'horizon. Mais les grands coupables, ceux qui seront dénoncés comme étant surtout responsables de ce trouble des consciences, de cet affaiblissement des convictions, de cet effacement des caractères, les deux grands coupables, dis-je, ceux auxquels on fera remonter les plus graves responsabilités, vous les avez déjà nommés. Pour les uns, ce sera la science, pour les autres, ce sera la foi. La science, diront les uns, a tari les sources de la croyance et a habitué les hommes à ne tenir compte que de ce qui était matière à démonstration et à constatation scientifiques. Elle impose silence au cœur, d'où viennent les sources de la vie. La science a bercé la génération actuelle de promesses qu'elle a été impuissante à tenir. Elle s'est présentée comme ayant en sa possession, non seulement les clefs du bien-être matériel, mais aussi celles du bonheur moral. Elle s'est déclarée capable de trouver des réponses satisfaisantes à toutes ces questions qui s'agitent au sein des hommes : qu'est-ce que l'homme? d'où vient-il? où va-t-il? quelle est sa fin, quels sont ses droits et ses obligations? la vie a-t-elle un but? et quel est-il? l'univers est-il le fruit et le jouet du hasard, ou bien y a-t-il, en dehors et au-dessus de lui, un être supérieur, un esprit libre et tout-puissant qui, après l'avoir créé, le conduit et le dirige, et qui conserve avec lui des relations embrassant à la fois la trame matérielle de la création et ses forces psychiques et morales? Et alors, pourquoi la souffrance? pourquoi la douleur? ce problème des problèmes, celui que tout homme est cruellement forcé de se poser, le problème des malheureux, de ceux qu'étreignent la torture physique et la torture morale. Et alors, pourquoi le mal moral? pourquoi la haine? pourquoi l'injustice? pourquoi la méchanceté? pourquoi le crime? A toutes ces questions pressantes, la science nous a-t-elle fait une réponse capable de donner la paix? Non, mille fois non! Elle est venue tenant à la main la coupe qui devait étancher cette soif immense. Mais la coupe est restée vide ; elle ne s'est pas remplie, et l'humanité est restée en proie aux ardeurs de la soif.

Mais, non seulement la science n'a pas bandé nos plaies et adouci nos souffrances, mais elle a jeté dans le monde des germes de guerre et semé des principes d'une brutale immoralité. N'est-ce pas à elle, en effet, que nous devons cette morale de la lutte pour l'existence, de la force primant le droit, de l'écrasement nécessaire et légitime des humbles et des faibles, de la suprématie des forts ? Et alors, que peuvent attendre d'elle ceux qui souffrent, ceux qui sont opprimés, ceux qui ont besoin d'être relevés et consolés! et leur nombre est incalculable! Non, la science n'a point été la force bienfaisante qu'elle avait promis d'être; et voilà pourquoi nous nous éloignons d'elle. Elle n'est plus pour nous un appui.

Tel est le langage de ceux qui rendent la science responsable de l'état moral si regrettable, que nous avons signalé.

Mais si la science s'est montrée impuissante, si parfois même elle a paru mériter l'accusation d'être immorale (1), pourquoi la foi n'a-t-elle pas rempli la mission pour laquelle elle semblait si qualifiée?

A cela, la génération actuelle a aussi sa réponse. Oui, certainement, la foi nous a offert des solutions à tous les problèmes qui nous

---

(1) James Darmstetter, *Les Prophètes d'Israël*. Préface.

inquiètent et des remèdes à tous les maux dont nous souffrons; mais, comme la science, et pour de tout autres raisons, elle a perdu notre confiance. Elle s'est offerte à nous comme une compagne de route fidèle et compatissante, en possession d'aliments fortifiants et de boissons rafraîchissantes, pour traverser les déserts arides et pour gravir les rudes montagnes. Pleins de confiance en elle, et comptant sur ses promesses, nous nous sommes mis joyeusement en route dès les jours de notre enfance, et nous nous sommes avancés dans la vie, à travers, d'abord, les vallées riantes et les plaines fertiles de la jeunesse. Les horizons étaient clairs, les fleurs brillantes, les sources fraîches et limpides; et nous marchions de contrée en contrée, découvrant sans cesse de nouveaux horizons, allant de perspective en perspective, de connaissance en connaissance, de lumière en lumière. La marche était facile, nos pieds légers, nos pas rapides, notre élan juvénile. Mais, peu à peu, nous sommes entrés dans des vallées plus sombres, nous avons dû gravir des pentes plus escarpées; les fleurs se sont fanées; le ciel s'est obscurci; nos membres meurtris ont hésité, et nous avons senti l'approche des défaillances. Alors, nous nous sommes tournés vers notre compagne de route, vers celle qui nous avait promis, pour toujours, son appui. Mais nos regards l'ont vainement cherchée. Nous l'avions crue près de nous; elle n'était plus là. Tandis que nous avions franchi les distances, que nous avions élargi nos horizons, elle avait oublié de marcher; elle s'était complue et arrêtée dans les plaines de notre confiante et naïve jeunesse; et nous avions perdu tout contact avec elle. C'était une amie d'enfance. Aujourd'hui, nous sommes étrangers l'un à l'autre.

Voilà l'acte d'accusation lancé par les mécontents et les découragés, contre la foi, et, par là, j'entends non seulement telle ou telle dogmatique confessionnelle, mais tout ce qui, placé en dehors des démonstrations et des constatations de la science, n'en est pas moins une portion très importante, et peut-être la plus importante, des pensées de l'humanité.

Que faut-il penser, impartialement, de ces accusations dirigées contre la science et contre la foi, par ceux que l'une ou l'autre, et parfois aussi l'une et l'autre, ont leurrés et déçus? Je vais le dire en deux mots.

Il peut y avoir, dans ces accusations, des griefs sérieux et des reproches mérités; mais, beaucoup d'autres sont le résultat de malentendus qu'il appartient aux hommes de bonne foi de dissiper. Il est vrai que les hommes de science, trop uniquement occupés de planter leur pique et de plonger la sonde dans les entrailles du sol, ont paru oublier de lever les regards en haut, et perdre de vue ces espaces célestes et cette voûte azurée qui recélaient d'infinies profondeurs et de sublimes vérités. Il est vrai, aussi, que les représentants de la foi, du haut des sommets inaccessibles qu'ils habitent, semblent avoir perdu l'habitude de regarder ce qui se passait au pied de la montagne, et qu'ils n'ont pas toujours vu les dénivellements qui se produisaient dans la plaine et les bouleversements qui transformaient progressivement la vallée.

Par là, les uns et les autres ont perdu leur station d'équilibre dans l'édifice social. Leur situation mal assise et boiteuse ne leur a pas permis de répondre intégralement aux aspirations humaines. Chacun des étais qu'ils ont offert à la faiblesse manquait de cet équilibre dans la structure qui pouvait assurer la stabilité. Les réponses aux problèmes posés ont paru insuffisantes et incomplètes; les lacunes, trop nombreuses et trop profondes, ont été décourageantes. La science des rapports et des relations vraies, des adaptations légitimes, a été ignorée; l'art des transformations naturelles et logiques est resté trop méconnu. La science avait paru oublier parfois que ce qu'elle sait n'est rien à côté des vérités de premier ordre qu'elle ignore; la foi n'avait pas reconnu que ce qu'elle persistait à enfermer dans ses formules, avait — en partie du moins — cessé d'être une vérité.

Ce sont là des torts, mais qui ne sont certes pas irréparables. La bonne volonté, l'amour de la vérité, la largeur dans les conceptions, l'esprit de respect et de confiance réciproque, peuvent tout réparer. Avant tout, il convient d'être guidé par le sentiment de la justice et de ne pas prononcer de jugement téméraire.

Ainsi, pour ne parler que des attaques dirigées contre la science, il a été très judicieusement répondu que si la science a fait quelques promesses, elle n'a fait ni faillite, ni banqueroute, car elle n'a pas d'échéances. On peut ajouter qu'elle paie tous les jours ceux qui lui présentent les traites qu'elle a réellement consenties, et qu'elle dispose pour cela d'une armée de travailleurs infatigables qui battent monnaie au prix de leurs efforts et de leurs sueurs.

Mais, d'autre part, en accusant si violemment d'immoralité la science, c'est-à-dire la recherche et la connaissance du connaissable, n'a-t-on pas été injustes ? Est-t-il vrai que la science soit immorale, est-il vrai qu'elle ne puisse rien pour l'édification de la morale, et que, comme on l'a récemment écrit, si on lui demandait des directions de cet ordre, elle risquerait de les donner mauvaises ? Cela peut être vrai d'une certaine science, d'un état spécial et momentané de la science, de certaines conceptions fugaces de la science, et surtout de certains savants. Cela ne saurait être vrai de la science en général.

Oui, sans doute, si l'on s'en rapporte à certaines théories scientifiques momentanées, ou bien à certaines interprétations de ces théories, il est possible qu'elles semblent de nature à devenir la source d'inspirations plutôt mauvaises que nobles et salutaires. Mais il faut, avant tout jugement sans appel, avant toute condamnation, — il faut, dis-je, rechercher avec grand soin, si la doctrine scientifique incriminée est bien complète, si toutes ses faces ont été considérées, si on a tenu un compte suffisant de toutes les parties de l'horizon qu'elle est appelée à embrasser, si son dernier mot a été dit, si sa formule est définitive. On a dit, avec raison, qu'avec quelques lignes prises dans un livre, on peut faire pendre son auteur. Il en est de même de la science. Eh bien! sur ce terrain, je crois pouvoir dire que, dans bien des cas, où l'on conclut sans hésitation au nom de la science, où l'on formule en son nom des préceptes de conduite et des règles pour la vie, on n'a pas fait tout son devoir.

Pour ne prendre qu'un exemple, mais qui, je l'espère, sera jugé suffisant, parce qu'il est certes actuel, on accuse, dans certains milieux, les sciences naturelles d'être les corruptrices du temps présent. Ce sont elles, en effet, qui ont jeté dans le monde cette théorie darwinienne de la lutte pour l'existence et de la prééminence des plus forts, qui excite l'indignation des âmes sensibles, sans doute, mais aussi des esprits insuffisamment informés. N'y voit-on pas, en effet, la justification du règne de la force, la condamnation de tout esprit de sacrifice et de dévouement, et la légitimation éclatante et scandaleuse de l'égoïsme? Eh bien, cela est-il bien juste? Ce jugement est-il mérité? Est-il appuyé sur une instruction suffisante de la cause; est-il la résultante d'une enquête qui n'a rien oublié, rien négligé, qui a tout embrassé? Ne manque-t-il rien aux considérants qui appuient ce verdict sévère? Je ne crains pas d'affirmer qu'il y a eu dans l'instruction de la cause une hâte regrettable et une lacune importante, capables à elles seules de renverser le sens du verdict.

Bien avant la science, les littérateurs et les moralistes ont constaté que : « La raison du plus fort est toujours la meilleure ». Il est vrai que, cela faisant, les moralistes ont présenté ordinairement les faits de cet ordre comme regrettables et dignes de réprobation. Ils ne leur ont pas prêté un rôle important et utile dans la constitution des sociétés. Aussi, leur formules sur ce point n'ont pu avoir, sur les tendances morales et sur la pratique de la vie, un effet puissant et désastreux.

Il en a été tout autrement de la doctrine darwinienne de la lutte pour l'existence. Au nom de l'observation, Darwin a voulu établir qu'il existait entre tous les êtres vivants une lutte acharnée pour la vie, une concurrence vitale sans merci, d'autant plus ardente et plus implacable qu'elle se livrait entre des êtres plus semblables, plus tourmentés des mêmes besoins, et que cette lutte était une des conditions capitales et nécessaires des transformations et, par conséquent, du progrès des êtres ; les plus aptes, les mieux armés, les mieux constitués étant seuls appelés à survivre et, seuls aussi, à transmettre, à leurs descendants par l'hérédité, les conditions heureuses de l'organisme et les progrès réalisés.

Or, si la victoire des plus forts sur les faibles, si la survivance des mieux armés est, en effet, la condition *indispensable* du progrès, qui ne voit que la lutte et la victoire sont, par cela même, justifiées et légitimées ? car le progrès, la marche en avant, constituent des buts supérieurs, que les êtres vivants sont tenus de poursuivre ; et les seuls moyens qui leur permettent de les atteindre ne sauraient être condamnés et proscrits.

Plaçons-nous, pour le moment, au point de vue strict du progrès organique et du perfectionnement de l'espèce, dans le sens où l'entendent généralement les naturalistes, et examinons si ce progrès suffit à justifier l'anéantissement des plus faibles par les plus forts. Je n'hésite pas à répondre par la négative.

Pour que j'en fusse empêché, il eût fallu établir que la destruction des faibles est, en effet, la condition nécessaire, la condition *sine quâ non* du progrès organique, et que, sans elle, celui-ci était non seulement compromis, mais impossible. Or, c'est ce que la science, oui, la science qui se corrige elle-même, conteste fortement aujourd'hui. Dans la ferveur de ses premières conceptions, Darwin avait cru tout d'abord à cette toute-puissance de la sélection naturelle. Il avait cru que ce rôle lui avait été exclusivement réservé. Mais cet esprit était trop large, trop droit et trop sincère pour rester, malgré l'évidence, strictement attaché à ce mécanisme étroit et exclusif. Aussi, plus tard, tout en réservant à la sélection naturelle un rôle prépondérant dans la transformation des espèces, avait-il admis que l'on pût revendiquer pour d'autres agents une influence dans le processus général de développement du monde organisé. Or, on reconnaît aujourd'hui combien doit être circonscrite et limitée l'influence de la sélection naturelle, et combien des influences plus directes, plus profondes, plus puissantes, plus rationnelles, plus intelligentes, dirai-je, et plus empreintes de finalité, ont présidé à ces transformations innombrables, sources des formes qui peuplent le globe terrestre. L'influence du milieu, les efforts faits par l'organisme vivant pour se plier aux conditions ambiantes, l'adaptation, en un mot, à laquelle notre grand Lamark a attribué le rôle prépondérant dans la production des espèces, l'adaptation, dis-je, a reconquis, aux yeux des naturalistes, la place qu'avait semblé lui ravir la théorie darwinienne de la sélection naturelle. Or, l'adaptation des organismes est un fait d'ordre interne plutôt qu'une série d'actions périphériques et extérieures. Le travail de modification est intime; l'organisme travaille avant tout à se modifier lui même et non à porter la lutte chez les autres; il se plie aux convenances des êtres qui l'entourent, plutôt qu'il ne les plie à ses propres convenances. Il s'assouplit, il se transforme lui-même, plutôt qu'il ne combat et détruit les autres à son profit. L'animal originaire de pays chauds, transporté au sein d'un climat rigoureux, se couvre de poils longs et pressés ; l'oiseau appelé à vivre dans les marécages et sur les terres submergées, voit ses membres postérieurs s'allonger, pour élever le corps au-dessus du niveau de l'eau. Si l'oiseau doit nager, ses pattes deviennent palmées, une membrane s'étend entre les doigts et donne au pied la forme et le rôle d'une rame ; si l'oiseau doit franchir de grands espaces, pour fuir soit l'ennemi soit un climat rigoureux, ses ailes acquièrent une large envergure, etc., etc. L'adaptation suppose l'existence dans l'organisme vivant d'une faculté de se plier, de se modifier en vue d'une fin utile, qui n'a rien de moralement blâmable, et qui ne suppose pas une tendance directe à la lutte contre les êtres semblables. Tous peuvent concourir également à ces transformations heureuses, et on ne saurait y voir qu'une sorte d'émulation naturelle pour la réalisation d'une disposition favorable aux organismes. L'adaptation ne saurait donc, par elle-même, être considérée comme une mauvaise conseillère, et, à ce point de vue, les doctrines transformistes et, avec elles, la science, ne sauraient manquer d'un acquittement mérité.

Mais il y a plus encore. Ils sont nombreux les naturalistes qui croient à des influences directrices, à une tendance évolutive immanente à la nature, tendance dominant et dirigeant l'évolution des formes, et pour laquelle, et à côté de laquelle, la sélection naturelle et la concurrence vitale ne constituent qu'un mécanisme dont le rôle est presque secondaire. Il y aurait dans le monde des êtres une puissance et une direction de développement comparables à celles qui président au développement de l'œuf. A ce point de vue même, la lutte pour l'existence devient, par la vertu même de l'effort, une condition d'élévation et de perfectionnement des plus aptes, plus encore que l'occasion de la défaite et de la destruction des faibles. A ce point de vue aussi, la destruction des faibles est une conséquence de la supériorité des forts, plus encore que la cause de leur élévation. La victoire leur appartient, parce qu'ils sont devenus les plus forts; et ils ne sont pas devenus les plus forts parce qu'ils ont vaincu. La victoire est donc plutôt la conséquence que la cause du progrès ; et la nécessité de la victoire matérielle ne s'impose donc pas comme la condition du progrès.

Par là — il est facile de le comprendre — s'atténue singulièrement cette nécessité biologique de la destruction des faibles comme cause d'évolution progressive.

Mais cela veut-il dire que la lutte soit supprimée et que le progrès puisse être réalisé sans elle? Bien s'en faut. La lutte est nécessaire, car la lutte est mère de l'effort. La bataille doit être livrée, et incessamment livrée ; mais il reste à déterminer le lieu de la bataille, et la nature et la qualité des adversaires. Dans la suite de cette étude, je consacrerai quelques pages à l'établissement d'un fait dont l'évidence s'impose de plus en plus à mon esprit : je veux dire la nécessité de la douleur et de l'effort comme aiguillons du progrès évolutif. La douleur, c'est-à-dire le besoin, la privation, la souffrance, sous quelque forme qu'elle se présente, éveille la volonté et provoque l'effort. L'être vivant veut éviter la douleur ; et la recherche constante et active des moyens de la fuir est, pour lui, le meilleur moyen d'avancer dans la voie du perfectionnement. La lutte de l'animal contre ses semblables, c'est-à-dire contre les êtres vivants qui pourraient être pour lui une gêne ou lui créer une concurrence redoutable, entre, sans doute, pour une part quelconque dans la production des efforts, gages du progrès. Mais le tort grave de ceux qui ont cru devoir accuser la sélection naturelle d'être une école d'égoïsme et de férocité, a été de considérer la lutte contre les semblables et la victoire des forts sur les faibles, comme la condition indispensable et toute-puissante du progrès.

Il y a eu là une vraie méprise, sur laquelle il faut jeter de la lumière.

L'effort pour fuir la douleur n'a pas nécessairement pour occasion la lutte contre les faibles et leur anéantissement. Il y a des obstacles qui n'ont pas besoin, pour être renversés, qu'une souffrance ou la mort soit infligée à d'autres êtres, ainsi que nous venons de le voir. La lutte contre les forces de la nature, la nécessité de se plier aux conditions du milieu, constituent des causes déjà très considérables d'efforts utiles. Pour se mettre à l'abri du froid ou de la chaleur, ou de la lumière, ou de l'eau, les animaux sont appelés à construire des nids, à creuser des terriers, à bâtir des huttes, qui ne coûtent à d'autres êtres sensibles ni des cris de douleur, ni la perte cruelle de la vie. Pour suffire à leur existence, les animaux végétivores n'ont, le plus souvent, à lutter qu'avec les difficultés tenant aux distances à parcourir ou aux hauteurs qu'il faut atteindre.

Il peut donc y avoir et il y a une source de progrès évolutif et des conditions de perfectionnement, en dehors de la souffrance et de la mort imposées par la victoire et par l'égoïsme des plus favorisés. Néanmoins, il faut reconnaître que, dans le règne animal, où la sensibilité a acquis une grande acuité, la lutte cruelle pour la vie, la concurrence vitale, tiennent une place qui n'est certes pas négligeable, et que l'effort dépensé dans cette lutte a certainement aussi une part notable d'action dans le perfectionnement des organismes.

Mais il faut ici établir une distinction d'une importance capitale. Il y a une échelle de dignité et de valeur dans les degrés et les formes de la vie. La vie est d'abord physiologique surtout, et présente à peine quelques rudiments de la mentalité : à mesure que l'animalité s'élève, le côté psychique se manifeste davantage ; aux plus hauts degrés de l'échelle, la vie morale se caractérise pour s'épanouir dans l'humanité. Quoi que possédant la vie physiologique et la vie psychologique, l'humanité a surtout le droit de considérer avec fierté la vie morale comme étant sa vie supérieure, sa vie par excellence. C'est donc, avant tout, par les caractères de la lutte et des conditions du progrès dans cette noble vie, que doit être mesuré le degré de moralité de la lutte pour l'existence et de l'influence de l'effort sur la réalisation du progrès.

Et qu'on ne vienne pas nous dire que la conscience morale ne fait pas partie de l'objet des sciences naturelles, et lui opposer ce qu'on appelle la nature. La conscience morale serait-elle, en réalité, en dehors de la nature ? et en dehors de la nature de l'homme en particulier ? A quelqu'un qui soutiendrait cette étrange thèse, on répondrait volontiers comme cette grande dame du *Monde où l'on s'ennuie* : « Comme si tous les enfants n'étaient pas naturels! » c'est-à-dire : comme si tout ce qui est dans l'homme ou ce qui vient de l'homme n'est pas dans la nature ! Et d'ailleurs, avons-nous besoins de rappeler qu'un naturaliste éminent, M. de Quatrefages, a fait jouer à la conscience morale le rôle de caractère dans l'édification du règne humain, c'est-à-dire dans une classification naturelle.

Puisque la vie morale caractérise tout particulièrement l'homme, voyons quels sont en elle les caractères de la lutte et du progrès.

Il y a ceci de très frappant et de très digne de remarque, que, dans la vie morale, la condition du progrès c'est l'effort pour échapper à l'égoïsme, et que la lutte a pour objet la défaite des sentiments inférieurs et la victoire des mobiles nobles et désintéressés. Si bien que l'homme le plus fort est celui qui est le plus maître de lui-même et non des autres, selon cette belle parole des Proverbes, qui oppose la force morale à la force matérielle : « L'homme qui est le maître de son cœur, est plus fort que celui qui prend des villes. »

L'homme le plus fort est celui qui est assez maître de lui pour pouvoir se donner en faveur des autres. Et s'il est vrai que l'oubli et le don de soi-même, s'il est vrai que l'esprit de sacrifice soient le caractère et le fruit de la victoire morale, quel sera le rôle des forts vis-à-vis des faibles? Sera-ce de les vaincre et de les anéantir? comme l'a affirmé une femme (qui le croirait?), l'auteur de la préface de la première édition française de Darwin? Bien au contraire. Le soulagement et le relèvement des moins favorisés devient le but par excellence de l'activité des forts ; la guérison des malades, le soulagement des infirmes, la consolation des découragés, l'éducation et le relèvement des consciences dévoyées ou inférieures, sont la pâture et le réconfort des vainqueurs ; si bien que, pour la phase évolutive à laquelle est parvenue l'humanité, la vie des faibles devient indispensable au progrès moral, et que s'ils venaient actuellement à disparaître, et que par là l'effort du sacrifice fût supprimé, la vie morale, au lieu de grandir et de gagner en force, subirait une dépression énorme et un recul qui l'anéantiraient.

Voilà donc l'effet de la lutte pour l'existence dans le monde moral, qui, je le répète, appartient bien à la nature, et doit être compté pour quelque chose dans la considération des moteurs et des causes qui président à l'évolution de l'humanité.

Nous sommes donc en présence de faits dépendant de la science, puisqu'ils peuvent être constatés et contrôlés, et appartenant à ces sciences naturelles, qui passent, auprès de quelques-uns, pour de si mauvaises conseillères ; et nous voyons combien, pour avoir eu le soin d'envisager, non un seul côté du problème, mais ses divers côtés, nous sommes arrivés, au nom de la science, à trouver pour l'homme, comme loi légitime du progrès, non point une concurrence inspirée par un égoïsme brutal et féroce, décidé à anéantir tout être qui fait obstacle à sa jouissance, mais une loi d'amour et de sacrifice qui fait du bonheur des faibles la source de la joie des forts.

Mais est-ce là tout? et le transformisme ne peut-il avoir un résultat plus général encore et non moins digne d'intérêt? Voyons-le!

Si la théorie transformiste est une vérité, si toutes les formes vivantes sont nées les unes des autres par suite de modifications successives, il en résulte, évidemment, que les êtres vivants sont tous membres d'une même famille, dans laquelle les degrés de parenté sont d'autant plus étroits que les êtres appartiennent à des formes moins distantes les unes des autres. Mais qui ne voit que cette conception est le meilleur argument en faveur de la solidarité, cette grande règle morale, cette grande loi qui s'impose de plus en plus au développement moral et social de notre temps? Et cette solidarité, qui doit trouver sa plus grande expression, sa plus éloquente manifestation dans l'espèce humaine, s'étend aussi naturellement à nos frères inférieurs, à ces animaux dont la vie est, à bien des égards, entre nos mains, mais dont nous n'avons le droit de disposer que pour des motifs graves et n'ayant rien à voir avec nos seules jouissances. Et, par là, s'élargit cette morale du transformisme, que l'on a considérée à la légère comme la pire inspiration d'une société d'égoïstes et de jouisseurs.

Et, pour en finir, si la lutte bien comprise pour l'existence et la survivance rationnelle des plus forts est la loi biologique qui domine l'évolution de la création, elle a pour effet d'assurer aux êtres moralement forts une prolongation de durée qui est le fruit même de leur force, et, par conséquent, elle peut ouvrir aux natures moralement supérieures un horizon probable de survie et d'immortalité morale et, par conséquent, personnelle. Mais cette survivance des plus aptes n'est certes pas achetée par le dépouillement et la destruction des moins aptes ; car, s'il est vrai que ces derniers succombent et disparaissent, ce n'est qu'après avoir résisté aux sollicitations fraternelles et aux efforts des personnalités puissantes et supérieures qui voulaient les arracher à l'anéantissement.

Il n'y a donc là, chez les vainqueurs, dans cette lutte suprême, ni rapine, ni égoïsme, ni férocité ; et la victoire, dans cette lutte pour l'existence morale et personnelle, n'a certes rien de sanglant ni de cruel. La victoire, et la lutte qui la précède et qui l'assure, ne sont, en définitive, qu'un épanouissement de fraternité et de vertu.

Formuler et analyser tout ce qu'il y aurait à faire pour modifier la situation présente, nous conduirait beaucoup trop loin. Nous pouvons faire mieux.

L'étude qui va nous occuper pendant sept séances nous permettra de mettre en pratique les conseils et les réflexions que le temps ne nous permet pas de formuler. Cette application de nos vues sera le meilleur moyen de mettre en lumière la réponse que nous croyons devoir faire sur une question capitale aux aspirations de l'heure présente. Votre verdict sera pour nous le meilleur critère de la valeur de la méthode. Mais, avant de le prononcer, veuillez m'écouter avec bienveillance. Aucun mobile, autre que celui de l'intérêt que tout homme doit porter à ses semblables, ne m'a inspiré la pensée de venir m'entretenir avec vous. Loin de moi la prétention d'imposer des points de vue personnels! Je ne suis ni de force, ni d'humeur à le tenter; je désire seulement réfléchir et penser avec vous sur une question dont l'importance ne saurait être niée, quelque soit l'état d'esprit où l'on se trouve. Quel est l'homme, en effet, qui se déclarera, de gaîté de cœur, indifférent à la question de sa destinée? Je viens chercher avec vous les échappées que la science et la raison libre peuvent nous ouvrir sur cet horizon. Soyez donc bienveillants! car la force est nécessaire pour accomplir l'œuvre tentée, et votre sympathie sera ma force!

PREMIÈRE CONFÉRENCE

Qu'est-ce que la vie et la mort ? De l'immortalité en général. Immortalité de la personnalité. Point de vue spécial du Conférencier. Méthode suivie. — Y a-t-il opposition entre la croyance a l'immortalité personnelle et les données de la science ? Présomptions morales et biologiques.

Dans une série de conférences qui ont été publiées, j'ai arrêté ma pensée sur la Vie et sur la Mort (1). Des considérations que j'ai alors présentées, il me semble ressortir que la vie et la mort ne sont pas deux états radicalement opposés ; que ce que nous appelons la mort n'est pas le contraire et la négation absolue de la vie ; qu'elle n'est qu'une moindre vie, une vie sourde, lente, dépourvue de cet éclat et de cette impétuosité de mouvement et de manifestation qui caractérisent l'être vivant.

(1) A^d Sabatier. *Essai sur la vie et la mort*. IVe volume de la Bibliothèque évolutioniste. Paris, Vve Babé et Cie, 1892.

La vie est donc partout : Partout se fait, dans une certaine mesure, l'échange de la matière ; partout peuvent se manifester dans certaines conditions une sensibilité, une motilité, un pouvoir d'amorce, une action assimilatrice et une action désassimilatrice, dont l'activité générale ne diffère dans la matière dite brute et dans la matière vivante, que par des degrés de puissance et de perfectionnement. Cette dernière ne serait que le résultat d'une évolution supérieure de la première sous l'influence de conditions spéciales, et se ramènerait à elle par des termes intermédiaires assez nombreux et assez significatifs pour servir de démonstration.

Il ne saurait donc être question de la mort dans le sens général de ce mot, et en tant qu'il signifie perte absolue de la vie. L'immortalité seule serait une réalité, et une réalité générale, un attribut de tout ce qui est. L'immortalité serait donc un fait très général et sans exception, et il n'y aurait pas lieu de discuter de l'immortalité et de la mortalité. Il y a cependant une question de la mort et de l'immortalité. C'est qu'on peut entendre ces termes dans des sens différents, qu'il convient de préciser.

La mort ne saurait être confondue avec l'anéantissement. La tendance de la science est évidemment de penser que ce qui est ne saurait être anéanti. « Rien ne se perd », tel est l'un des axiomes du déterminisme scientifique moderne, et il faut convenir que tout semble donner à cette affirmation une suffisante démonstration. La science, qui accepte et qui affirme cette impossibilité du passage au néant, affirme par cela même une certaine immortalité. Mais ce n'est pas de celle-là qu'il doit être question ici, et de la possibilité ou de la probabilité de laquelle nous avons à nous enquérir. L'objet de la création, c'est-à-dire la matière et les forces que l'on ne saurait d'ailleurs distinguer et séparer que d'une manière purement théorique, l'objet de la création, dis-je, est indestructible, aux yeux de la science. Mais l'immortalité comporte quelque chose de plus que l'indestructibilité. On peut distinguer, en effet, dans la substance créée, dans l'être : d'une part, les matières premières, dirai-je, les éléments constituants, et, d'autre part, les relations que contractent ces éléments, les rapports durables ou passagers, les conditions diverses que l'on peut constater dans la suite des échanges et des combinaisons de ces éléments. Les éléments sont indestructibles (et je fais bien remarquer que cela ne veut pas dire intransformables), mais on ne saurait en dire autant des relations, des rapports qui constituent des groupements, des combinaisons, des formes. Ces combinaisons, ces groupements, ces formes peuvent évidemment varier, et ils varient en effet ; et de là résultent ces grands mouvements d'échange, d'arrangement, de composition et de décomposition qui constituent les variations et les transformations si nombreuses de l'être.

Le fait qui paraît le plus général, c'est cette variation même, cette perpétuelle transformation des relations et des combinaisons. C'est là le fait qui frappe le plus l'homme qui observe, et qui permet aussitôt de poser cette question : Peut-il y avoir des relations permanentes, des constructions inaltérables et indestructibles comme constructions ? Or, c'est là, ainsi que nous allons le voir, la question même de l'immortalité, telle que nous devons la poser et la discuter devant vous à propos d'un cas spécial, c'est-à-dire à propos de l'immortalité de l'homme.

Le problème de l'immortalité se circonscrit, en effet, pour nous proprement au problème de l'immortalité de l'être humain dans ce qu'il a de supérieur et de caractéristique, c'est-à-dire dans sa personnalité, dans ce qui fait l'être intellectuel et surtout l'être moral.

Ce n'est pas qu'on ne puisse l'étendre aussi aux êtres vivants chez lesquels des signes d'une personnalité inférieure semblent vouloir se faire jour. Ces personnalités inférieures, je ne serai pas fâché d'en parler également et d'examiner les raisons qui peuvent plaider pour ou contre leur immortalité. Mais, pour le moment, et afin de préciser la question en la circonscrivant, je ne vais m'occuper que de la personnalité humaine.

L'âme humaine, ou pour mieux dire la personne humaine, est-elle immortelle ? L'est-elle toujours et nécessairement ? Suffit-il qu'elle ait existé, pour n'être plus exposée à la mort, et pour vivre à toujours ? Ou bien la personne humaine est-elle capable d'immortalité, mais aussi susceptible de mortalité ? En d'autres mots, y a-t-il, pour la personne humaine, une immortalité potentielle, en puissance, conditionnelle, ou une immortalité nécessaire ? Telles sont les questions que je désire examiner avec vous. Au nom de quoi veux-je le faire ? Sur quel terrain ai-je l'intention de me placer ? Quelles peuvent être mes prétentions ? Est-ce au nom des croyances religieuses, est-ce au nom de la foi formulée que je prends ici la parole ? En aucune façon. C'est aux ministres de la religion que convient plus spécialement cet ordre d'argumentation. Vous n'êtes pas venus entendre un sermon, et si je vous servais ce plat inattendu, on m'accuserait peut-être de vous avoir tendu un piège, reproche auquel je serais particulièrement sensible. Je crois, en effet, que plusieurs de mes auditeurs se fussent abstenus, s'il eût été question d'aller au prêche. Je m'empresse de les rassurer en leur disant à quel titre je viens parler d'immortalité, et quel est l'ordre d'idées auxquelles je compte puiser pour cela.

C'est comme naturaliste et comme philosophe indépendant que je désire aborder cette question délicate entre toutes.

Quelque positive que soit ma foi en certaines vérités que nous ne pouvons établir par des preuves extérieures, et que nous tenons pour ainsi dire d'une révélation intérieure, je suis cependant résolu à m'appuyer avant tout, dans cette étude, sur des considérations et des analogies empruntées aux notions que les méthodes scientifiques ont permis d'acquérir, et qui constituent, à des titres divers, le domaine de la science.

Ma méthode consistera essentiellement dans l'examen consciencieux et serré des analogies et des possibilités scientifiques, c'est-à-dire de ce que la science a le droit de considérer comme termes analogues ou, du moins, comme possibilités, et de constater de quel côté une semblable enquête doit faire pencher une balance juste et bien réglée. Sera-ce du côté de l'affirmation de l'immortalité personnelle, ou bien du côté de la négation que le plateau s'inclinera ? C'est ce qu'il conviendra d'observer avec un soin scrupuleux.

Nous aurons ainsi apprécié ce qu'il est possible de penser avec la science, et en se trouvant d'accord avec elle ; mais il sera permis aussi de constater et d'apprécier ce qu'un savant a le pouvoir et le droit de penser en dehors de la science. Il peut, en effet, y avoir des données qui sont d'accord avec celles de la science, et d'autres qui ne leur sont pas contraires, qui sont en dehors, qui sont d'un domaine considéré (actuellement du moins) comme inaccessible à la science positive. Il me convient donc d'examiner en quoi la science peut appuyer mes conclusions, et en quoi (passant à côté d'elles) elle ne les contredit pas.

Le savant, l'homme de science, tant qu'il recherche dans le domaine de la science positive, ne peut légitimement invoquer que des méthodes et des démonstrations scientifiques ; mais quand il se porte sur un terrain que les instruments de la science ne sauraient atteindre, quand il aborde l'étude d'un problème que ses sens et ses moyens de recherche de laboratoire sont inaptes à fouiller et à résoudre, il a bien le droit, pour établir sa conviction, non seulement de puiser dans les analogies qui ont leur source dans ses études scientifiques, mais d'emprunter des motifs et des présomptions à des considérations que ne contredit pas la science.

Dans les questions de l'ordre de celles que nous abordons aujourd'hui, dans la question de l'existence de Dieu, de l'immortalité personnelle par exemple, il est beaucoup trop de mode d'invoquer la science comme raison péremptoire de négation. Je tiens à proclamer hautement que la science est impuissante aussi bien pour affirmer que pour nier dans ces domaines; et que les hommes qui l'invoquent comme un argument sans réplique, comme un argument décisif et sans appel, aussi bien pour l'affirmative que pour la négative, commettent un véritable abus, une grave faute de lèse-science, tout en ayant l'air de proclamer la suprématie et l'infaillibilité de la science.

Je me garderai de les imiter! Qu'il soit donc bien entendu que je n'apporte pas une démonstration scientifique de l'immortalité personnelle; qu'il soit bien entendu que si, dans l'examen de cette question, je jette les yeux sur le domaine de la science, ce n'est pas pour puiser des arguments irréfutables et des raisons victorieuses; je sais bien que mes regards les y chercheraient en vain, et que je devrais renoncer à une démonstration scientifique digne de ce nom. Mes efforts inutiles et mes prétentions déçues aboutiraient peut-être à ce résultat malheureux de créer dans l'esprit un scepticisme funeste. Ce que j'ai la prétention et le droit de faire, c'est de chercher dans la science des lueurs directrices, des analogies capables de m'éclairer, de m'adresser à elle avec droiture et sincérité, et de lui demander loyalement une réponse loyale à cette question : Science, voilà ce que des raisons intérieures, des raisons qui ne sont pas de ton domaine propre, nous portent à penser ; dis-nous si les découvertes, dis-nous si les vérités que tu possèdes et que tu as solidement établies sont en contradiction flagrante, en opposition absolue et irréductible avec nos convictions. Voilà la question que nous te posons. Nous attendons ta réponse. Nous l'écouterons avec la plus entière impartialité, avec l'amour passionné de la vérité ; et nous ne craignons pas de déclarer que nous sommes amis de la science, que nous avons un grand respect, une grande vénération envers cet édifice élevé péniblement par le labeur humain, et que s'il nous était en effet démontré qu'il y eût, entre nos convictions et les données certaines de la science, une opposition qui nous parût réellement irréductible, nous ne prononcerions pas la condamnation de la science.

Nous ne pensons pas, en effet, qu'il y ait de vérité contre la vérité ; nous croyons que la vérité est une, et que le jour où l'esprit humain, le jour où la raison ont acquis une vue claire, précise, nette d'un fait, d'un rapport, d'une loi, on n'a pas le droit de lui opposer comme portant atteinte à son autorité, comme l'annulant et la réduisant à néant, une vérité contraire, quelque respectable qu'en soit la source. Il ne saurait y avoir antinomie absolue entre vérités, et si une opposition paraît existor entre des vues ou des connaissances qui paraissent être dignes d'un sérieux crédit, et qui semblent s'exclure réciproquement, il faut ou bien que l'une d'elles n'ait point toute la valeur et toute la portée qu'on lui attribue, ou qu'il existe entre les deux un lien caché, un chaînon secret qui suppriment l'hiatus et qui permettent de combiner les fluides de nom contraire. Ceci veut dire qu'avant de proclamer des oppositions comme irréductibles, il convient de bien peser la valeur et la légitimité des termes mis en présence et de n'accepter comme vérités établies, comme vérités incontestables, que celles qui le sont réellement.

Dans le cas actuel, par exemple, nous devons mettre en présence la croyance à l'immortalité d'une part, et les données incontestables de la science, de l'autre, et voir s'il y a opposition irréductible entre ces deux ordres de conceptions. Mais nous n'aurons le droit d'invoquer ces dernières comme éléments irrésistibles de réfutation de la première, que si ces données scientifiques sont d'une valeur incontestable et ont l'assentiment unanime des représentants autorisés de la science.

L'esprit et le but de cette étude me paraissent ressortir assez clairement de ce qui précède. Chacun de vous a compris que je ne prétends point apporter ici une démonstration scientifique de l'immortalité personnelle. Il n'existe pas encore de fait observé scientifiquement de cette immortalité; il n'existe pas même des preuves irrésistibles de sa nécessité, et on ne saurait, par conséquent, en donner une démonstration scientifique. Ma seule prétention (et celle-là est légitime), c'est d'examiner si l'immortalité personnelle a réellement et justement contre elle les données de la science; si, en particulier, les progrès récents de la science ont creusé de plus en plus, dans le sol terrestre, la tombe définitive et nécessaire de l'être humain, et s'il n'est permis qu'aux naïfs ou aux ignorants de croire qu'au-delà de cette existence terrestre il peut y avoir une autre existence, et que la mort du corps n'entraîne pas nécessairement celle de l'être personnel.

A ceux qui prétendraient que les acquisitions du savoir humain ont ruiné la doctrine de l'immortalité, je tiens à faire remarquer qu'en parlant ainsi, et tout en ayant la prétention de s'appuyer sur la science, et de représenter l'opinion de la science, ils offensent la science, et que leur attitude est, à cet égard, bien différente de la mienne, et bien inférieure à la mienne. Ils disent: « La science ne permet pas de croire à l'immortalité; la science démontre que tout meurt, que tout se décompose, que rien n'est permanent ; la science combat la possibilité de l'immortalité : cette dernière est incompatible avec les données de la science ». — Pour moi, je dis : La science ne réfute pas l'immortalité. Elle ne saurait ni la réfuter, ni la prouver. L'immortalité est une question qui n'est pas encore entrée dans le domaine de la science ; elle n'est donc pas passible d'une démonstration scientifique. Je ne puis donc pas prouver la réalité de l'immortalité personnelle. Mais pouvez-vous, à votre tour, établir scientifiquement la réalité de la mortalité personnelle ? — Pas davantage ! Vos observations scientifiques n'ont pu atteindre l'au-delà de la tombe, et j'ai le droit de hausser les épaules et de vous considérer d'un œil de pitié, si vous affirmez comme une certitude, que toute l'histoire finale de la personne humaine se circonscrit à ce qu'il est donné d'observer à côté du lit d'un mourant.

Entre l'attitude de ceux qui se disent les négateurs de l'immortalité, au nom de la science, et ma propre attitude, impartiale et réservée, que les juges non prévenus et les vrais philosophes prononcent ! J'attends leur verdict avec confiance.

J'espère avoir suffisamment dessiné et précisé la situation que je désire garder dans l'examen de la question de l'immortalité, et l'esprit dans lequel je veux en aborder et en conduire la discussion.

J'ai beaucoup tenu à ce qu'il n'y eût aucune équivoque à cet égard. Je désire parler en homme de science, mais en homme de science qui a le droit de penser, et de croire qu'il y a encore d'immenses domaines que la science n'a pu et ne pourra probablement pas atteindre. Y a-t-il ici quelqu'un qui puisse affirmer qu'en dehors de ce que constatent ses instruments, en dehors de ce qu'on observe dans ses laboratoires, il n'y a plus rien ? Si ce quelqu'un existe, ce n'est certes pas un homme de science. C'est le dernier des ignorants. Eh bien ! l'homme de science peut se préoccuper de ce qui est encore en dehors de la science ; il peut et il doit s'intéresser à tout ce qui préoccupe et tourmente l'homme ; il peut se demander ce qu'il en est de ce vaste monde invisible, intangible, qu'il n'a pas le droit de nier, quoiqu'il ne puisse ni le voir ni le toucher, et il peut le faire en savant, c'est-à-dire en homme qui n'admet comme possible que ce qui n'est pas évidemment contraire aux vérités acquises, et qui, même, demande à la science des directions et des lueurs capables de le conduire et de l'éclairer dans cette incursion prudente et discrète, non seulement au pays de l'inconnu, mais aussi au pays de l'inconnaissable.

C'est donc en homme de science, mais en homme de science qui ne renonce pas à être homme, c'est-à-dire qui ne renonce pas à penser à tout ce qui intéresse l'homme, que je compte aborder mon sujet.

J'ai dit que l'homme de science peut se préoccuper de ce qui est encore en dehors de la science. Je pense, en effet, que bien des champs que l'on déclare imprudemment aujourd'hui devoir rester à jamais fermés à la science, lui seront un jour ouverts. L'histoire du passé porte avec elle cet enseignement. Si au siècle dernier un savant avait dit qu'un demi-siècle ne s'écoulerait pas avant qu'on pût par des moyens précis d'investigation, faire l'analyse chimique des corps célestes, il est infiniment probable que les littérateurs du temps eussent solennellement dénoncé l'illusion de la science. Mais les savants eux-mêmes ne nous ont-ils pas donné l'exemple de cette méfiance? et ne savons-nous pas par quel mouvement unanime d'incrédulité furent accueillies, au sein même de l'un des corps savants les plus illustres, les premières expériences de téléphonie ? La science réserve à l'avenir bien des surprises, et il se pourrait qu'elle soulevât un jour un coin du voile qui nous masque la vue des futures destinées. Les rudiments des moyens et des forces que la science révèle et utilise, ont parfois une virtualité que nul n'eût osé leur soupçonner. Il y a un siècle à peine, l'électricité, découverte cependant depuis plusieurs milliers d'années, était encore pour les savants une force capable tout au plus de faire adhérer une barbe légère de plume à un morceau d'ambre qui avait été frotté. Quelle commune mesure y a-t-il aujourd'hui entre cette attraction presque imperceptible et la force colossale qui devient le levier de toute une civilisation ?

Déjà sur l'horizon, surgissent des faits épars, encore insuffisants, encore incoordonnés, encore incompris et inexpliqués, qui dessinent peut-être une aurore dont nous ne pouvons mesurer les promesses. Les savants ont d'abord parlé de ces faits à voix basse et sous le manteau de la cheminée, les uns pour les affirmer timidement, les autres pour s'apitoyer charitablement sur la foi naïve de leurs confrères Plus tard, le ton s'est élevé ; des représentants autorisés de la science ont fièrement passé le Rubicon et consenti à compromettre leur crédit en couvrant de leur pavillon des faits mal famés. Ensuite, on a parlé ouvertement d'hypnotisme, et de suggestion par la parole. Puis est venu le tour de la suggestion mentale et de la télépathie, à propos desquelles on observe cependant encore une sage réserve. Enfin, les faits ayant trait à l'influence d'une portion invisible de notre être sur les corps matériels commencent à réclamer leurs titres d'authenticité, que bien peu sont encore disposés à leur accorder. Tout cet ordre de phénomènes ou d'idées qui semble vouloir pénétrer dans le domaine de la science, inspirent encore une défiance qui s'explique et qui se justifie par tout ce qu'il y a en eux d'inattendu, par l'extrême difficulté de la constatation et par l'audace de l'imposture et du charlatanisme. L'attitude du savant doit être à leur égard très prudente et très réservée ; mais l'obstination et le parti pris de ne pas les contrôler ne sauraient passer pour de l'esprit scientifique. Il convient, au contraire, d'observer, de vérifier et de se rendre compte de ce qu'il y a de fondé et de sérieux dans cette direction. Cette étude se poursuit d'ailleurs, et en voyant qu'elle est entre les mains de maîtres éminents appartenant aux universités de France, d'Angleterre, d'Allemagne, de Russie, d'Italie, de Belgique, d'Amérique, etc., etc., on se prend à espérer qu'elle portera un jour ses fruits, et que nous lui devrons peut-être des lumières aussi précieuses qu'inattendues sur la constitution intégrale de l'Être humain et sur l'avenir qui lui est réservé après la mort.

Vous voilà renseignés sur l'attitude que je compte prendre dans l'examen de mon sujet. Je ne regrette pas le temps que je viens de consacrer à éclairer la situation ; car, avant tout, l'équivoque doit être évitée. Il me reste encore, pour achever de dessiner le cadre dans lequel nous allons nous mouvoir, il me reste, dis-je, à vous dire un mot sur le caractère de mes doctrines scientifiques, car la science a aussi ses doctrines, c'est-à-dire ses généralisations, ses vues d'ensemble, où l'*a priori* vient se mêler heureusement aux données de l'observation, pour fonder des idées directrices et des conceptions d'ensemble ; la science a aussi, dirai-je, sa métaphysique, qui a fait d'elle autre chose qu'un froid catalogue et qu'une collection de cadavres conservés dans des bocaux, ou convenablement empaillés. Parmi ces doctrines, il en est une que tout le monde connaît, car elle a eu le don d'envahir la pensée moderne et de déborder sur toutes les branches de la recherche humaine, je veux parler de la doctrine transformiste, et, plus spécialement encore, de l'évolutionisme. Vous connaissez cette théorie du développement de toutes choses dans la nature, par les transformations, par les évolutions d'un premier rudiment, d'un germe originel. Cette doctrine, qui considère toutes choses comme des phases successives, et plus ou moins passagères, d'un même fonds, a été conçue et interprétée de manières différentes. On l'a considérée, d'abord, comme la formule scientifique la plus complète et la plus triomphante du matérialisme, c'est-à-dire du mécanisme universel se suffisant à lui-même et limitant l'être à l'existence de la nature physique et matérielle. C'est là une grande erreur, contre laquelle je me suis fortement élevé dès 1873, dans ma thèse de docteur ès-sciences, sur le *Cœur et la circulation centrale dans la série des Vertébrés*.

L'évolutioniste, même le plus radical, n'a nullement besoin d'être matérialiste. Pour ma part, je suis prêt à partager les vues les plus avancées et les plus hardies d'un évolutionisme rationnel et conséquent ; et, toutefois, je me rattache très fermement à l'idée d'un Dieu créateur, qui a cru devoir donner à la création un développement progressif et lui imprimer une marche évolutive suivant une direction voulue. J'ajoute même que cette conception de l'œuvre créatrice me paraît comporter une notion plus digne et une conception plus haute de la puissance et de la sagesse de l'Auteur de l'univers.

J'en ai assez dit sur ce point, pour que vous sachiez quelle est l'idée qui va dominer dans ces conférences, quel est, en un mot, mon article de foi, car la science aussi (et heureusement pour elle) a ses articles de foi, c'est-à-dire ses hypothèses fécondes et logiques, qui sont l'âme de la science et les inspiratrices de la recherche.

Abordons maintenant l'étude même de notre sujet.

La croyance à l'immortalité personnelle a été,

avec celle de l'existence de Dieu, très générale parmi les hommes. L'étude de l'anthropologie préhistorique, et celle des civilisations dont la connaissance est du ressort de l'histoire proprement dite, révèlent partout, dans tous les milieux, dans toutes les races, parmi toutes les peuplades, la croyance à une existence ultérieure qui devait s'écouler dans des milieux dont la conception et les caractères ont varié singulièrement suivant les races, les peuples, les civilisations, etc. Les traces partout retrouvées des soins donnés aux sépultures, les ressources mises le plus souvent par la piété des proches au service du défunt, et représentées par le dépôt auprès de lui d'aliments, de luminaires, d'ornements divers, de signes particuliers, de pièces de monnaie, d'armes, etc., témoignent de cette foi à une vie d'outre-tombe, aux besoins de laquelle les survivants pourvoyaient avec piété et tendresse. Les religions, expression très générale des croyances de l'humanité et des aspirations de l'âme humaine, ont toutes, et sous des formes diverses, apporté une conception de cette existence d'outre-tombe, espérance des âmes droites et justes, terreur des méchants et des infidèles, consolation des malheureux, réparation pour les froissés et les déshérités.

Cette croyance générale est un fait auquel les exceptions ne sauraient être sérieusement objectées.

Y a-t-il dans l'universalité de cette croyance un motif de la considérer comme répondant à un objet réel et comme une vue intuitive de ce que nos moyens ordinaires de percevoir ne sauraient atteindre? Beaucoup d'hommes graves, d'esprits sensés et réfléchis, beaucoup de penseurs éminents l'ont cru et le croient sérieusement. Ils voient dans cette existence d'outre-tombe une phase permettant heureusement de réparer les outrages sans nombre subis ici-bas par la justice, par l'équité, par l'égalité, par la responsabilité. Ainsi, pour eux, se corrige, par des compensations sages et paternelles, l'injustice du monde présent, injustice qui ne saurait se concilier autrement avec l'existence d'un Dieu, représentant des droits de la justice et de l'amour.

Il est certain que les âmes éprises du bien, du beau, du vrai, ne peuvent se résigner à penser que tant d'aspirations élevées, que tant d'efforts désintéressés, que tant de conceptions supérieures, n'aient été éveillés dans l'âme humaine que pour ne rencontrer à jamais qu'amers déboires et cruelles déceptions. Le plan d'un monde ainsi conçu ne saurait émaner d'une sagesse supérieure, et ne représenterait que désordre et défaut d'équilibre. S'il y a un Dieu, c'est-à-dire un être d'une infinie sagesse et d'une infinie bonté, il y a aussi nécessairement une immortalité.

Telle est, resserrée en quelques lignes, la preuve morale de l'immortalité personnelle. Elle ne constitue pas une démonstration scientifique, il faut en convenir; elle est plutôt une analyse raisonnée, une justification rationnelle d'une croyance déjà acceptée. Elle ne paraît pas suffisante pour dissiper tous les doutes, elle ne permet pas de dire « je sais » au sens scientifique du mot. Mais elle peut permettre à celui qui croit, de dire : J'ai pour croire des raisons sérieuses et suffisantes; ma croyance n'est ni une absurdité ni un pur caprice.

L'idée d'ordre, de justice est donc une base morale importante pour la croyance à l'immortalité. Mais il y a encore une autre base, que j'appellerai instinctive et biologique. C'est la généralité, dans le monde vivant, du désir de vivre, de la volonté de vivre. Depuis le représentant le plus inférieur de la vie active, jusqu'à l'être vivant le plus élevé, on peut constater l'amour de la vie, l'effort pour vivre, et la fuite de la mort. Tous ces êtres qui sont entrés dans la sphère éclatante de la vie, qui ont goûté de ce mouvement impétueux et continu qui la caractérise, aspirent à rester sous son influence et veulent reculer le moment où ils seront appelés à regagner les lenteurs de la vie sourde et faible de la matière brute. Il y a là un désir général qui n'est pas satisfait pour tous, qui ne l'est que pour quelques êtres vivants ou pour quelques portions de ces êtres, mais qui n'en est pas moins l'indice d'une aspiration générale qui peut devenir la source de présomptions indicatrices. Peut-être n'est-il pas téméraire de voir, dans ce désir universel de vivre, l'aurore et le précurseur d'une vie continuée, aurore et désir auxquels succèderont la vive lumière et la satisfaction, quand l'évolution aura conduit l'être créé à une forme susceptible de cette permanence.

Ce sont là non des preuves, dans le sens rigoureux du mot, mais des arguments auxquels il sera permis d'attacher une importance réelle, tant qu'il n'aura pas été irréfutablement démontré que les aspirations générales de l'humanité, que ces croyances universelles ne sont qu'illusion et vanité, et que cet être à la raison duquel on attache (et justement) un si grand prix et un si grand crédit, n'est, dans ses mouvements intérieurs, dans ses vues intuitives, dans ses besoins moraux et religieux, que le piteux jouet d'enfantines illusions. La cruelle réalité d'une situation si contradictoire n'est certes pas encore démontrée; et ceux qui appuient leur croyance à l'immortalité sur les considérations qui précèdent, peuvent compter encore sur quelque répit avant de devoir renoncer à leur conviction.

Mais si la croyance à l'immortalité personnelle paraît devoir résulter du désir général de vivre que manifestent tous les êtres vivants, et de la nécessité de répondre aux besoins de bonté, de vérité, de justice qu'éprouve l'être moral, n'y a-t-il pas pour le savant, pour le naturaliste, quelque difficulté dans une semblable conception? N'est-elle pas contraire à l'ensemble des faits observés, n'est-elle pas en contradiction avec le spectacle si général de la mort; et, dans tous les cas, est-il possible de concevoir une permanence de la personnalité, après la disparition de l'être charnel? Comment une semblable possibilité peut-elle être conciliée avec les faits d'observation, avec ce que nous savons de la matière, des forces, de la vie, de la mort, des faits naturels et de leurs lois? Les croyances morales sur l'immortalité sont-elles conciliables, et comment, avec les faits d'observation? En un mot, la foi et les faits connus peuvent-ils ici se donner la main? C'est ce que nous commencerons à examiner dans la prochaine conférence.

DEUXIÈME CONFÉRENCE

Tout ce qui a un commencement doit-il avoir une fin ? De l'immortalité considérée dans la matière en général. De l'immortalité dans la matière organisée et dans la vie physiologique. Le protoplasme et ses facultés. Son immortalité. Genèse et évolution progressive du protoplasme. Conditions possibles et probables d'une vie ultra-terrestre. De la personnalité; ses degrés; sa constitution et son évolution a travers les phases de la vie animale sur le globe.

Je veux d'abord répondre à un axiome qui affecte si bien des allures scientifiques, et qui se pose avec tant d'assurance comme enfant de l'observation, que l'on est tenté de s'y laisser prendre : « Tout ce qui a un commencement, dit-on, doit avoir une fin. » Je ne vois pas là une nécessité démontrée. Ce que l'on peut dire, en jugeant les choses de la surface, c'est que la plupart des choses qui ont eu un commencement ont aussi une fin. Où voit-on la preuve que la proposition générale qui condamne tout ce qui commence à finir, est une vérité sans exception? Pouvons-nous affirmer que tout ce que nous avons sous les yeux aura une fin? Mais sur quelle observation nous baserons-nous? Il y a bien des choses dans la nature, dans la création, dont nul homme n'a vu la fin, et même ne peut prévoir la fin, quoique nous pensions, à tort ou à raison, qu'elles ont eu un commencement. Ce que nous appelons proprement la vie, c'est à-dire cet état général de la matière que caractérisent l'activité des échanges et l'éclat des manifestations, des phénomènes, a, selon toutes les probabilités, eu un commencement, correspondant à une certaine phase de l'évolution sidérale. Tous les naturalistes le pensent ainsi; mais non seulement nul homme n'a observé sa fin, mais nul ne peut ni l'affirmer ni la prévoir sûrement.

Il faut, en effet, établir quelques distinctions utiles. Il y a des choses dont nous n'avons pas vu la fin, mais dont nous la présumons légitimement, par analogie, parce que nous avons vu finir des choses semblables à celles-là, et parce que nous voyons qu'il n'y a pas en elles la faculté, la possibilité de se renouveler, de se rajeunir par le jeu même de leur existence. Un composé chimique, un sel minéral, inorganique, a été formé un jour; il est là, devant nous; mais avant de l'avoir vu finir, nous pouvons affirmer qu'il aura une fin; nous avons vu, en effet, ses similaires être attaqués, altérés par le milieu ambiant; nous les avons vus se désagréger, se décomposer et finir, car ce que l'on appelle communément la mort n'est qu'une décomposition, une désagrégation qui n'est pas accompagnée de réparation et de régénération. Mais nous ne saurions prédire et affirmer la mort de ce composé chimique s'il possédait en lui des puissances de renouvellement et de rajeunissement. Y a-t-il dans la nature, y a-t-il dans la création des êtres qui présentent ces dernières conditions? Y a-t-il dans le monde tangible, observable, dans le monde soumis à l'observation rigoureuse de la science, y a-t-il, dis-je, des êtres qui se montrent en possession d'une immortalité reposant sur une semblable base? C'est là une question à laquelle l'étude du plasma primitif et de son descendant et héritier le plasma germinatif, a déjà fourni une réponse positive, sur laquelle nous aurons bientôt à revenir.

Et d'ailleurs, savons-nous bien ce que c'est qu'un commencement, dans le sens rigoureux du mot? Et nous a-t-il été donné d'en observer un seul? Si l'évolution est une vérité, si le monde et les phénomènes dont il est le théâtre ne résultent que d'une série ininterrompue de transformations, où y a-t-il un commencement réel? Tout ce que nous appelons commencement n'est-il pas, soit un renouvellement, soit un passage, une transition, une phase? Et alors, il faut donner à l'aphorisme une autre forme. A cette formule : Tout ce qui a un commencement doit avoir une fin, il convient de substituer celle-ci : Tout ce qui est le résultat d'une évolution, doit évoluer à son tour. A cet aphorisme, je ne contredis pas. Mais je fais remarquer qu'évoluer n'est pas nécessairement disparaître ; évoluer n'est pas nécessairement finir ; évoluer peut signifier la persistance à travers des renouvellements et sous une forme plus ou moins modifiée ; et il est facile de concevoir la possibilité de la permanence de l'être à travers ses transformations. L'enfant se transforme pour devenir un adolescent, puis un homme fait, et enfin un vieillard ; mais l'être subsiste sous ses formes successives. Il y a, dans tout mouvement évolutif, deux tendances combinées et associées dans des proportions variables : la tendance conservatrice, qui est la mémoire du passé, et la tendance transformatrice et modificatrice, qui est l'aspiration vers l'avenir. La tendance conservatrice, si elle est prédominante, retarde et enraie l'évolution ; si c'est la tendance modificatrice qui l'emporte, l'évolution est hâtée et accélérée. On conçoit une combinaison, une association de ces deux tendances, telle que la continuité de l'être, son identité relative, soit maintenue à travers les modifications lentes et harmonieuses qui en assurent le perfectionnement. L'âme de l'adulte, par exemple, est le résultat de l'évolution de l'âme de l'enfant; mais les deux tendances, conservatrice et évolutive, ont été si bien associées et combinées que l'identité relative et la continuité de l'être psychique ont été maintenues. Il en est de même pour les phases évolutives d'une race, d'une nation : la race se modifie, s'élève, se perfectionne, mais elle reste la race d'autrefois, en ce sens qu'elle en a conservé dans une certaine mesure le type et les caractères fondamentaux. La suite de cet essai donnera à ces considérations toute leur portée et toute leur signification.

Dans la recherche et l'examen des conditions qui peuvent conférer à un être l'immortalité, nous croyons devoir procéder du connu à l'inconnu, et examiner comment peuvent être conçues les conditions de l'immortalité ou de la permanence indéfinie pour l'être matériel.

Un être matériel, une portion de la matière, considéré au point de vue de la science, est indestructible ; il ne saurait disparaître et être annihilé. Nous n'avons donc pas à rechercher les conditions de son indestructibilité comme matière, puisqu'elle est primordiale et essentielle. Ce n'est donc pas de l'indestructibilité d'un être matériel qu'il est ici question, mais de la conservation, de la permanence indéfinie d'un état donné et déterminé de cet être. Un morceau de carbone, par exemple, est indestructible, mais il est susceptible de changer d'état, de se transformer, d'entrer dans des combinaisons diverses, de faire partie de l'oxyde de carbone par exemple, ou de l'acide carbonique, ou d'un carbonate, ou d'un carbure organique ou inorganique. Dans tous les cas, le grain de carbone n'est pas détruit, mais il a changé d'état ; il n'est plus ce qu'il était, il a perdu son individualité première, son indépendance ; on ne peut donc lui attribuer une permanence indéfinie de son existence autonome. Mais la matière, comme matière, étant dans un état perpétuel de combinaison ou de démolition, soit lente, soit rapide, les particules matérielles subissant constamment, d'une manière plus ou moins saisissable, l'influence du milieu, on ne peut trouver la permanence d'un état matériel que dans certaines conditions données.

Pour qu'une particule de matière simple d'un des corps simples de la chimie, par exemple, pût conserver indéfiniment le même état, il faudrait qu'elle représentât une unité absolue, une unité simple, indivisible, incapable d'être accrue ou diminuée, tout à fait indifférente au milieu qui l'enveloppe, inaccessible aux affinités qui pourraient l'engager dans des combinaisons où elle perdrait son individualité. Mais nous ne connaissons pas de corps simple qui puisse nous présenter de semblables conditions. Les atomes des corps simples sont lancés dans un tourbillon d'échanges incessants, qui fait d'eux non des êtres indépendants permanents, mais bien des composants subordonnés et dépouillés d'individualité. Aussi peut-on dire que, si les atomes des corps simples sont indestructibles, ils ne sont pourtant pas permanents comme atomes individuels et indépendants; ils sont privés de cette permanence dans un état déterminé, que j'ose appeler une sorte d'immortalité. Mais si le corps simple, si l'élément matériel lui-même ne peut être en possession de la permanence individuelle, c'est-à-dire de l'immortalité, où trouverons-nous des conditions capables d'assurer cette permanence, cette immortalité? Je réponds que, si nous ne les trouvons pas dans l'élément matériel, incessamment emporté par la force des choses à travers le tourbillon d'échanges successifs et de relations variables, nous pourrons les trouver, ces conditions de permanence, dans l'état des relations établies entre plusieurs éléments matériels associés et combinés. Cet état, en effet, peut être conservé et maintenu à travers les échanges de la matière, et constituer ainsi une relation ayant en elle-même des causes de permanence et de durée. Une combinaison d'éléments unis par des affinités heureusement associées peut, ainsi, plus facilement répondre aux conditions qui confèrent l'immortalité. Il est possible de rechercher ces conditions et d'en faire l'analyse.

Ce qui caractérise un corps composé, c'est la nature de ses composants, sans doute, mais ce sont surtout leurs relations dynamiques, leurs rapports de situation, de forces, de fonctions, d'affinités, rapports dont l'ensemble a pour résultante l'état et les propriétés du composé. Le composé restera tel qu'il est, il conservera son état, tant que ces relations ne seront pas modifiées. Certains éléments composants pourront être enlevés; pourvu qu'ils soient remplacés par d'autres semblables à eux, et capables de jouer le même rôle qu'eux dans le groupe, l'état dynamique, qui caractérise avant tout le composé, restera le même. Prenons un cristal de sel, qui est une individualité ayant des caractères très nets et très évidents : forme géométrique déterminée, relations des molécules composantes, propriétés optiques, calorifiques, électriques, magnétiques, chimiques, etc. Il y a là un groupement bien individualisé. Supposons que dans ce cristal les parties constituantes, les composants actuels, soient éliminées et remplacées au fur et à mesure par d'autres constituants identiques, que ce remplacement se fasse par très petites portions, lentement, successivement, progressivement, de manière que les éléments tout récemment introduits à un moment donné, soient toujours en faible minorité par rapport à leurs devanciers. Il en résultera évidemment que la forme caractéristique du cristal, sa situation, ses relations avec les cristaux voisins, ses fonctions, son état dynamique, ses propriétés, seront intégralement conservés. La substitution progressive d'éléments a donc laissé subsister une individualité dynamique, un groupement fonctionnel, un ensemble de forces et d'actions qui n'ont pas varié; et, si cette substitution progressive est incessante et peut durer indéfiniment, le cristal, comme individualité, peut — à mon sens — être considéré comme doué de permanence, et, je dirai même, d'immortalité. L'immortalité de ce cristal résulte donc, dans notre hypothèse, d'un renouvellement incessant et continu des éléments constituants, d'un rajeunissement perpétuel, d'une sorte d'évolution conservatrice.

Nous avons supposé notre cristal capable d'un semblable phénomène ; mais dans la matière, dite brute, dans la forme à vie lente et sourde, telle que nous la connaissons du moins, l'immortalité ainsi conçue n'est probablement pas représentée. La vie est trop faible, et ce que, dans mon « Essai sur la vie et la mort », j'ai appelé le pouvoir d'amorce, c'est-à-dire le pouvoir de provoquer au sein du milieu la formation des parties jeunes et nouvelles destinées à remplacer les parties usées et rejetées, et à maintenir l'intégrité de l'ensemble, le pouvoir d'amorce, dis-je, ne s'exerce que trop faiblement et dans des conditions tout exceptionnelles. Aussi peut-on dire que la matière brute, qui est indestructible et qui semble ne pas connaître la mort, ne connaît pas, au contraire, l'immortalité, puisqu'elle est constamment exposée à perdre son individualité et son autonomie. Cela peut paraître étonnant. Mais ce qui ne le sera pas moins, c'est que la matière dite vivante, celle qui, possédant la vie éclatante, passe pour fatalement condamnée à la mort, est, au contraire, celle qui donne l'exemple d'une réelle immortalité. Comment cela peut-il se faire? C'est ce que nous allons examiner.

Ce que l'on appelle les êtres vivants, c'est-à-dire ceux qui possèdent les manifestations brillantes et merveilleuses de la vie, ont pour base essentielle une substance à laquelle on a donné le nom de protoplasme, ou, plus simplement, de plasma. Partout où est le plasma, il y a la vie ; partout où est la vie, se trouve le plasma. Ce plasma est donc la base matérielle des organismes ; il est, selon l'heureuse expression d'Huxley, la base physique de la vie.

Sous un aspect plus ou moins gélatineux, le protoplasme est une agglomération de particules matérielles, agglomération qui, tout en étant variable et variée, conserve ses principales facultés typiques.

Le protoplasme est un composé extrêmement complexe, le plus complexe même que nous connaissions ; quoique les parties qui entrent dans sa constitution soient nombreuses, il n'est pas seulement un mélange, mais ce que l'on désigne sous le nom d'un complexe moléculaire chimique, c'est-à-dire une association solidaire de molécules diverses, ayant entre elles des liens qui en font une entité. L'albumine, ou substance albumineuse, en est l'élément actif, principal. Ce complexe jouit de toutes les propriétés de la vie, et c'est dans son sein que se produisent avec éclat tous les phénomènes d'assimilation, de transformation, de nutrition, de désassimilation, etc., qui constituent les éléments nécessaires du mouvement vital. Il représente donc une disposition particulière de la matière, qui permet à la vie restée sourde et lente dans la matière brute, de se manifester avec une activité et un éclat surprenants.

Or, le plasma primitif, celui qui s'est montré à l'époque de l'apparition de la vie sur le globe, et d'où sont sortis tous les êtres vivants, a été doté de l'immortalité potentielle, c'est-à-dire de l'aptitude à l'immortalité sous quelques conditions qui se sont réalisées pour certaines parties de ce protoplasma, puisqu'il vit, qu'il continue à vivre, et qu'il ne saurait mourir que d'une mort accidentelle, et par la rupture des conditions normales du milieu. Le plasma germinatif, c'est-à-dire celui qui constitue proprement les germes, ne saurait, en effet, mourir de mort naturelle tant qu'il restera plasma germinatif, et tant que les conditions du milieu ne seront pas altérées. C'est là une immortalité potentielle, c'est-à-dire en puissance, une immortalité conditionnelle, dont il a joui jusqu'à présent dans notre monde terrestre. Cette immortalité conditionnelle sera-t-elle une immortalité réelle et définitive? Je dis, dès l'abord, que non, et j'exposerai plus tard pourquoi le plasma germinatif terrestre est très probablement appelé à disparaître et à s'éteindre. Mais il me suffit, pour le moment, de rencontrer sur mon chemin une substance composée, un édifice matériel qui me permette de constater la possibilité de la permanence et d'en analyser les conditions.

Or, ce qui fait l'immortalité du plasma germinatif, c'est qu'il est un groupe d'éléments, un groupe très complexe, dans lequel les mouvements de transformation et d'échange sont extrêmement actifs et continus, où se produisent sans cesse des compositions et des décompositions, et qui a surtout pour caractère dominant de posséder à un très haut degré ce que j'ai appelé le pouvoir d'amorce, c'est-à-dire le pouvoir d'emprunter au milieu au sein duquel il est plongé, les éléments de sa reconstitution et de provoquer leur synthèse de manière à se les assimiler. Par là, le plasma germinatif reste toujours lui-même, se défend contre ce qui n'est pas lui, élimine et chasse ce qui lui est indifférent ou contraire, en maintenant fidèlement et énergiquement son intégrité. Tandis que les éléments qui le composent perdent facilement leur individualité en entrant dans des combinaisons nouvelles, il possède, pour parer à cette démolition, une puissance considérable de reconstruction et de restauration qui répare immédiatement les brèches. C'est un grand reconstructeur, parce qu'il a une puissante tendance, une énergique volonté de vivre. Le plasma germinatif est donc susceptible de se régénérer et de se rajeunir incessamment. Voilà l'explication de son immortalité.

Ainsi donc, l'immortalité du plasma germinatif est étroitement liée à plusieurs conditions :

Il est immortel, non pas parce qu'il est inerte, immobile et impassible, mais parce qu'il est le lieu d'un mouvement et d'une activité aussi vifs qu'incessants ;

Il est immortel par le choix de ses éléments, par leurs proportions, par la nature et la valeur des liens et des relations qui les unissent ;

Il est immortel par la permanence du faisceau dynamique qui résulte de la réunion des éléments matériels qui le constituent, puisque ces éléments matériels eux-mêmes n'y sont certes pas permanents, mais sont entraînés incessamment par un mouvement rapide d'entrée et de sortie dans son sein ;

Il est immortel par la combinaison harmonieuse et pondérée des forces dont il est le centre et le lieu d'activité.

Il est immortel par cette puissance créatrice, régénératrice, rajeunissante, qui lui permet de saisir partout les éléments nécessaires à sa vie, de les grouper et de les faire pénétrer dans l'agrégat qui le constitue. Tandis que ces éléments perdent facilement leur individualité en entrant dans des combinaisons nouvelles, il possède, pour parer à cette démolition, une puissance considérable de reconstruction et de restauration qui répare, ai-je dit, immédiatement les brèches ;

Il est immortel parce qu'il veille avec une attention incessante et une remarquable ténacité sur le maintien de son intégrité.

Les influences extérieures, les actions du milieu auraient bientôt épuisé ses ressources et consommé sa ruine. Mais à chaque perte, il oppose un gain, et même un gain supérieur à la perte, puisqu'il s'accroît et se multiplie ; de telle sorte que nous sommes amenés à voir en lui une tendance ou une volonté incessante de vivre et de résister à la destruction.

Ainsi donc la cohésion du faisceau organo-dynamique, l'harmonie et la pondération dans l'action, l'orientation de l'activité et des efforts dans le sens de la conservation et de la vie, constituent les conditions et le secret de l'immortalité du plasma germinatif.

Ajoutons que si immortalité ne signifie pas repos et inertie, mais reconstitution incessante d'un état et d'un faisceau organo-dynamique, d'une coordination harmonique, il ne signifie pas davantage état stationnaire, et il n'est pas inconciliable avec le progrès.

Dans mon *Essai sur la vie et la mort* (1892), j'ai développé cette idée que le plasma germinatif, qui est doué d'immortalité potentielle, a probablement été précédé par la formation de plasmas inférieurs, incapables d'immortalité (puisqu'ils ne sont pas parvenus jusqu'à nous), et où la capacité de permanence n'était que relative. C'étaient là les premiers bégaiements de ce que nous appelons la vie. Ces plasmas fugaces et temporaires se sont probablement perfectionnés progressivement, avant de parvenir à l'état de plasma germinatif capable d'immortalité. C'est là, sans doute, une hypothèse que j'émets, mais une hypothèse qui a en sa faveur de bonnes raisons. Il n'est pas probable, en effet, que le passage de la matière brute à l'état de matière vivante se soit opéré brusquement, sans tâtonnements et sans états intermédiaires. La nature ne procède pas ainsi dans ses créations.

Elle y met une sage lenteur et procède par degrés.

A cette raison générale s'ajoutent des considérations d'ordre plus spécial et plus direct. Les recherches de M. A. Danilewsky (1894) l'ont conduit, en effet, à cette conviction que la molécule albumineuse, base essentielle du protoplasme, a subi un développement philogénétique graduel. L'étude comparative des substances albumineuses extraites des différentes formes organiques appartenant à des degrés différents de développement philogénétique, a, en effet, montré que la constitution des substances albumineuses se perfectionnait et se compliquait à mesure qu'on les considérait dans les degrés de plus en plus élevés de l'échelle biologique, en commençant par les cellules des bactéries, et s'élevant aux cellules de la levure des champignons, des plantes vertes, des éponges, et aux formes animales possédant des fibrilles musculaires.

Ainsi donc, la molécule albumineuse, et, par conséquent, la molécule protoplasmatique, se complique graduellement. De là, M. Danilewsky conclut avec raison, que la molécule de l'albumine ne s'est pas constituée d'emblée, telle que nous la trouvons actuellement chez les animaux supérieurs ; et que dans les organismes primitifs qui ne sont pas parvenus jusqu'à nous, elle était, suivant toute probabilité, plus simple encore que dans les bactéries que nous connaissons actuellement. Ce développement graduel de l'albumine s'est fait au sein même de la vie, au même rang que le perfectionnement continu des formes végétales et animales.

Ainsi donc, l'albumine et le protoplasme ont subi une évolution progressive ; mais, en outre, nous voyons la cellule — forme supérieure d'organisation du plasma — présenter des degrés variés et gradués de perfectionnement, depuis les êtres inférieurs, comme les bactéries — qui peuvent être considérés comme les degrés inférieurs de l'organisation à nous connue — jusqu'aux cellules germinatives, aux germes les plus élevés, où les différenciations du protoplasma et du noyau ont atteint un degré supérieur. Il n'est certes pas, à mon sens, téméraire de penser qu'avant le plasma capable de s'organiser en cellule — organisme déjà extrêmement compliqué — il y a eu des plasmas incapables d'atteindre ce degré de perfection dans la structure.

Les études les plus récentes et les plus dignes de crédit sur le protoplasme de la cellule, ont permis d'y distinguer des parties presque fluides et homogènes de beaucoup les plus abondantes, et des parties plus ou moins solidifiées et granuleuses ou fibrillaires. Or, les résultats des dernières recherches ont jeté un jour intéressant sur la composition et les rôles relatifs de ces deux formes du plasma, contenues l'une et l'autre dans la cellule.

1° Le premier, ou protoplasma hyalin, transparent, homogène, composant la plus grande partie de la cellule, contient, comme base albumineuse principale, diverses formes de globuline. Nous l'appellerons, avec M. Danilewsky, (1) protoplasma globulinique.

2° Le protoplasma fibrillaire, granuleux, formant les parties les plus solides de la cellule, ou stroma, ayant toujours une structure anatomique spéciale, et consistant toujours en albumines phosphorées. M. Danilewsky lui donne le nom de protoplasma stromique. Or, l'étude comparative des substances albumineuses renfermées dans ces deux formes a conduit à faire considérer le protoplasma globulinique ou hyalin, comme le plus sensible aux influences extérieures, le plus accessible aux modifications matérielles dues aux causes extérieures. Mais, s'il se modifie rapidement, il perd aussi très rapidement le souvenir ou l'empreinte de ces modifications, dès que les influences externes ont cessé de s'exercer sur lui.

(1) Danilewsky. Conférence faite dans la séance plénière du Congrès international de médecine tenu à Rome en 1894. (*Revue scientifique*, 10 novembre 1894.)

Le protoplasma stromique ou figuré, plus ou moins solide, subit bien plus lentement l'influence du dehors, mais il en conserve aussi plus fidèlement le souvenir; et ses modifications restent durables et héréditaires. C'est ainsi que, dans la nature, le germe mâle, formé surtout et bien plus que le germe femelle de protoplasma stromique ou phosphoré, transmet bien plus sûrement aux descendants les qualités et les traits acquis par les ascendants sous les influences de milieu.

De ces deux formes de protoplasma, la première a été très probablement la forme globulinique, car elle est la plus simple, la plus homogène, la moins complexe, et celle que nous retrouvons comme la plus abondante et la plus répandue, à mesure que nous descendons vers les êtres inférieurs. La partie nucléaire de la cellule, celle qui renferme au plus haut degré le protoplasma stromique, devient, en effet, si confuse et si peu différenciée dans certaines formes inférieures, comme les bactéries, que l'on a quelque peine à la discerner, et que malgré les efforts tentés par Bütschli (1) pour la rendre évidente, il est des biologistes qui refusent de la reconnaître.

La forme hyaline a donc précédé très probablement la forme stromique, et cette dernière s'est

---

(1) O. Bütschli. *Ueber den Bau der Bacterien.* Leipzig, 1890.

manifestée progressivement, comme résultant d'une évolution plus ou moins lente.

En outre, encore, nous voyons que le plasma germinatif lui-même s'est perfectionné constamment depuis son origine, tout en restant du plasma germinatif. Le plasma primitif ne pouvait donner naissance qu'à des organismes inférieurs, des bactéries, des algues inférieures, des êtres monocellulaires inférieurs. Mais il s'est élevé progressivement, jusqu'à pouvoir devenir le point de départ des végétaux supérieurs, des animaux élevés et, enfin, de l'homme. Il y a donc là une marche ascendante dont nous ne connaissons que les dernières phases; mais elles sont suffisantes pour nous indiquer que cette évolution dernière a été précédée de phases antérieures, et pour nous tracer la ligne directrice qu'il est logique de suivre pour remonter dans le passé.

Ainsi donc, l'évolution du plasma germinatif a été une évolution conservatrice en ce sens qu'elle a maintenu les caractères du type plasma, mais en même temps une évolution progressive et ascendante. Elle a dû consister dans un meilleur choix d'éléments constituants, dans une modification heureuse de leurs proportions et de leur mode de groupement atomique et moléculaire, dans la nature et la valeur du lien qui les a unis, de manière à ce que, tout en favorisant l'activité des désassimilations, il fût donné au pouvoir d'amorce le degré de puissance et de perfection nécessaires pour fournir, par l'assimilation, des matériaux suffisants et plus que suffisants de réparation, de régénération et de rajeunissement.

Voilà, me semble-t-il, quelles ont été les conditions intrinsèques qui ont assuré au plasma germinatif la possession de l'immortalité potentielle. Cette dernière est résultée d'une combinaison, d'une coordination heureuses, d'une ordonnance et d'une harmonie remarquables, de l'établissement entre les parties ou éléments du plasma d'une solidarité merveilleusement combinée et équilibrée et d'une orientation de l'activité dans le sens de la puissance de la vie. Voilà les conditions intrinsèques de l'immortalité du plasma.

Mais cette immortalité du protoplasma germinatif n'est que potentielle, n'est que conditionnelle, et ce qui la conditionne encore, c'est l'état du milieu au sein duquel s'exerce la vie. C'est là la condition extrinsèque. Examinons-la !

Le milieu doit être de nature à fournir incessamment et indéfiniment au protoplasma les éléments qui serviront d'aliment à ses échanges rapides, incessants, à ses renouvellements. Il devra constituer, en somme, le milieu normal de la vie, c'est-à-dire le milieu terrestre actuel, avec ses matériaux solides, liquides et gazeux, avec l'eau, l'atmosphère, etc.

Le milieu d'où dépend l'immortalité du plasma germinatif est d'ailleurs complexe ; il comprend, en effet :

L'organe qui renferme les germes, et où ils se nourrissent et se multiplient, l'ensemble du corps dont cet organe est une portion plus ou moins importante, le milieu général terrestre lui-même avec ses conditions très multiples, le milieu sidéral, et l'ensemble planétaire auquel la terre appartient.

Tous ces milieux, qui sont dans un état de subordination successive depuis le premier jusqu'au dernier, doivent présenter des conditions d'équilibre et de richesse suffisantes pour maintenir intacte la source dans laquelle le plasma germinatif puise incessamment les forces qui pourvoient à son rajeunissement.

Si l'organe conservateur des germes est atteint d'une lésion qui le rende incapable de les nourrir et de les conserver, si le corps de l'être tout entier est lésé, s'il devient infirme, vieilli et insuffisamment vigoureux pour nourrir convenablement l'organe porteur des germes, si les conditions hygiéniques terrestres sont trop imparfaites, et si des causes délétères et meurtrières altèrent la vie physiologique de l'ensemble, si le soleil, source supérieure des forces qui rajeunissent le plasma germinatif voit sa chaleur et sa lumière s'affaiblir et s'éteindre, si enfin l'infini céleste, la source infinie d'énergie venait à se tarir, il est clair que la vie du plasma germinatif serait compromise et perdue, et que son immortalité conditionnelle ferait place à la mort. Mais, en dehors de ces conditions extrinsèques, le plasma germinatif peut jouir paisiblement et avec sécurité de l'immortalité ; mais il faut pour cela qu'il maintienne les conditions intrinsèques de son immortalité, qu'il reste lui-même et qu'il ne porte point lui-même atteinte à sa constitution primitive et à sa puissance de vivre, qu'il les perfectionne et les fortifie dans le sens propre de la vie.

Mais si le plasma germinatif se laisse entraîner, par l'influence du milieu et par des aspirations d'une autre nature, à la rupture de l'équilibre dynamique et organique qui le caractérise, il s'achemine vers la mort. S'il veut être surtout organe de mouvement, il devient fibre musculaire ; s'il veut être surtout organe de sensibilité et d'excitation motrice, il devient élément nerveux ; s'il veut être surtout organe de sécrétion, il devient cellule glandulaire etc., etc., et il perd alors progressivement le pouvoir d'amorce qui assurait sa rénovation, et il est fatalement condamné à la désagrégation et à la mort. Pour vivre, il doit rester lui-même, conserver son état d'équilibre, resserrer et fortifier le faisceau de ses énergies, rester fidèle à son orientation légitime et se garder d'une déviation de vie qui le conduirait fatalement à la mort.

Voilà, me semble-t-il, quelles sont les conditions de l'immortalité potentielle et, par conséquent, conditionnelle du plasma germinatif. Je les ai analysées devant vous aussi clairement qu'il m'a été possible de le faire. Plus de temps m'eût été nécessaire pour donner aux détails explicatifs une plus grande place ; mais j'espère que ceux qui m'auront prêté quelque attention auront recueilli assez de notions sur les conditions de l'immortalité dans la vie physiologique, pour me suivre dans la recherche des conditions de l'immortalité dans la vie psychique, dans la permanence et la perpétuité de la personnalité intellectuelle et morale.

Nous venons d'analyser les conditions intrinsèques et extrinsèques de l'immortalité du plasma germinatif. Nous avons fait cette étude dans le but d'y trouver les éléments d'une recherche des conditions intrinsèques et extrinsèques de l'immortalité de la personnalité psychique. En donnant cette base physiologique à l'étude d'une vie ultra-terrestre, je me suis placé dans une situation qui me paraît entièrement logique et légitime. Nous ne saurions, pour concevoir une vie qui échappe à notre observation, trouver une meilleure source de présomptions et d'analogies que dans l'examen d'une vie qui nous est connue et qui se déroule sous nos yeux. Les éléments de l'étude d'une vie ne peuvent être convenablement trouvés que dans la connaissance d'une autre vie.

Et d'ailleurs, que faut-il penser de cette vie ultérieure ? Qu'elle est entièrement différente de celle qui l'a précédée ? Qu'elle n'a rien de commun avec elle ? Qu'au lieu d'être le mouvement, l'activité, le travail, elle n'est qu'inertie et repos ? Que c'en est fait des échanges et des renouvellements ? Qu'il y a permanence absolue et immobilité parfaite, et que le rajeunissement n'est ni utile, ni nécessaire ? Ce serait là, je le crois fermement, une grande erreur et une conception aussi fausse qu'injustifiée. Tout manquerait à une pareille conception de la vie future : d'abord, elle établirait entre la vie présente et la vie future un abîme qui ne me paraît pas conforme aux processus naturels ; il n'y aurait entre les deux aucune continuité, aucun lien, aucune tradition : tout serait fait à nouveau ; et je ne vois pas alors en quoi elle donnerait satisfaction au besoin de continuité et d'identité relative, qui en fait désirer et espérer la réalité ?

En outre, il faudrait, pour que la différence fût radicale et absolue, que cette vie nouvelle fût placée hors de la nature, c'est-à-dire hors de l'univers, hors de la création ? Mais alors, où la placera-t-on ? Car, pour nous, ce terme de nature embrasse tout, sauf Dieu, sauf le Créateur; et si l'on veut placer la vie future en Dieu même, c'est anéantir toute personnalité, car c'est la fondre et l'absorber dans la vie de Dieu.

Si la vie future doit être placée dans la nature, elle ne saurait être contraire aux lois générales de la nature; elle ne saurait être absolument étrangère à la vie précédente, et absolument différente d'elle. Elle ne saurait en être que le prolongement. La nature procède par continuité, par suites, par développements progressifs, par évolutions, et, même dans ses pas les plus hardis, ce qui suit se relie toujours à ce qui précède : il n'y a jamais séparation radicale et hiatus complet. Nous avons donc le droit de chercher les conditions de la vie future dans l'étude de celle qui l'a précédée, c'est-à-dire de la vie terrestre. La personnalité, réalisée et nouée sur la terre, se continue dans sa nouvelle vie, grâce à des conditions qui ne sauraient différer absolument de celles qui ont présidé à la conservation de la vie terrestre.

Enfin, si la vie future était immobilité et inertie, elle serait synonyme d'état stationnaire et, par conséquent, elle exclurait l'idée de progrès. Elle arrêterait l'évolution à cette phase immédiatement ultra-terrestre, ce qui ne saurait être que difficilement admis, et ce que repoussera résolument tout évolutioniste conséquent, qui considère que l'évolution n'est qu'une suite indéfinie et prolongée de pas vers le progrès, vers la perfection et vers la manifestation de plus en plus éclatante de ce qu'il y a de divin dans l'être. Peut-on sérieusement admettre que, pour parvenir à ce degré suprême qui doit rapprocher la créature de l'Être éternel et parfait, il ne reste pour l'homme, si infirme et si imparfait, qu'un seul pas à franchir, celui de la mort ? Je ne le pense pas ; et il faut donc admettre que la vie future doit aussi présenter le spectacle du mouvement et du tourbillon formateur. Il est même naturel de penser que cette vie d'un degré supérieur est, par cela même, caractérisée par une activité supérieure.

La logique est donc en faveur des rapprochements qui vont suivre, et sur lesquels je désire baser la recherche des conditions de l'immortalité dans la personne humaine.

Qu'est-ce qu'une personne et qu'est-ce que la personnalité ?

Je sens, en abordant une des parties les plus délicates de mon sujet, le besoin de vous renseigner sur ce que vous devez attendre de moi, afin d'adoucir des critiques méritées et de faire taire des exigences auxquelles je suis incapable de répondre.

Je ne suis point un philosophe, si l'on entend par là un homme qui s'est rompu aux analyses psychologiques, et qui connaît le maniement des expressions techniques destinées à rendre les distinctions savantes que les maîtres ont cru devoir reconnaître dans le domaine des choses de l'esprit. Simple naturaliste qui essaie de penser, je m'exprime dans un langage de naturaliste et non de philosophe. Ma langue paraîtra sans doute naïve, maladroite et incorrecte à ceux de mes auditeurs qui se meuvent avec aisance sur le terrain philosophique : je compte sur leur indulgence. Mon ambition est seulement d'être compris, et j'espère qu'avec un peu de bonne volonté, mes auditeurs sauront dégager le sens de mes paroles malgré leur inexpérience, et parfois même leur gaucherie.

Le naturaliste logique et impartial ne peut séparer l'être humain de la série des créatures vivantes qui l'accompagnent et qui l'entourent, et en particulier des animaux. Pour lui, l'homme est un animal, l'animal le plus élevé sans doute, et surtout celui chez lequel les facultés mentales et morales ont atteint de beaucoup le terme le plus haut qu'il nous soit possible d'observer dans la création terrestre. L'étude, aujourd'hui suffisamment avancée, de la manière dont les organismes se constituent et se sont constitués, et élevés de degré en degré depuis les termes les plus inférieurs jusqu'aux termes les plus élevés, et par conséquent jusqu'à l'homme, cette étude, dis-je, permet d'affirmer que c'est par l'agrégation, l'organisation et la solidarisation progressives que les organismes, d'abord simples cellules (monoplastides), se sont élevés aux rangs d'organismes pluricellulaires, d'abord composés de cellules toutes semblables entre elles et par la forme et par les fonctions (polyplastides), et plus tard de cellules plus ou moins différenciées matériellement, et appelées à des fonctions différentes et à des rôles distincts (hétéroplastides). Ainsi, tandis que l'être monocellulaire possédait dans son organisme si simple toutes les énergies et toutes les fonctions nécessaires à la vie, l'être pluricellulaire à cellules différenciées présentait des organes distincts, formés par des groupes de cellules semblables entre elles, mais différentes de celles des autres organes ; et à chacun de ces organes était dévolue spécialement une des fonctions nécessaires à la vie de l'ensemble. Tandis que la cellule unique composant l'être monocellulaire était à la fois une cellule digérante, sécrétante, respirante, sensible, motrice, reproductrice, il y a dans le nouvel être des cellules et des organes de la respiration, de la digestion, de la sécrétion, de la sensibilité, du mouvement, des organes qui produisent les germes, etc. Ainsi donc, le nouvel être vivant, considéré dans sa constitution complexe, est un agrégat d'organes, qui sont eux-mêmes des agrégats de cellules, entre lesquelles les fonctions de l'être monocellulaire primitif ont été réparties et attribuées d'une manière spéciale. Les parties de cet ensemble, d'abord identiques au début du développement embryonnaire, et rappelant ainsi l'ancêtre polycellulaire à cellules identiques, se sont différenciées suivant des directions déterminées ; mais elles ont conservé entre elles et même accru notablement les relations de cohésion, de coordination et de solidarité qui font de leur ensemble non un ramassis quelconque, non une accumulation simple, non un attroupement de cellules, mais un ensemble bien noué, une réunion solidement liée, dans laquelle il y a des relations utiles et nécessaires qui font que chacune des cellules joue un rôle plus ou moins indispensable pour la vie des autres et pour la conservation du groupe cellulaire. Ainsi donc, par des différenciations tendant au perfectionnement de tous les éléments, s'est constitué le groupement anatomo-physiologique, qui s'appelle un animal plus ou moins supérieur désigné comme métazoaire, par opposition au protozoaire, désignation des animaux mono ou pluricellulaires, composés ou d'une seule cellule ou de plusieurs cellules toutes semblables. Mais dans le protozoaire, monocellulaire ou pluricellulaire, se manifestent, à côté des phénomènes physiologiques proprement dits, des phénomènes qui semblent appartenir à un autre ordre. Le protozoaire se meut suivant des directions variées; il semble capable de choisir entre telle direction ou telle autre, il répond par des réactions vives aux provocations qui l'atteignent, il a des périodes de repos et des périodes d'activité dont il paraît lui-même déterminer le commencement et la fin, etc.; de telle sorte qu'il est permis de reconnaître chez lui, à côté de ce qui est physiologique proprement dit, quelque chose de mental, un côté psychique, très rudimentaire sans doute, mais réel, et pouvant être le point de départ d'un progrès évolutif qui en dessinera plus puissamment les caractères et l'étendue.

Un protozoaire pluricellulaire, composé d'un certain nombre de cellules semblables, possède dans chacune de ces cellules cet élément psychique; mais il y a ceci de remarquable, que les phénomènes psychiques qui en sont la manifestation, loin d'être tout à fait indépendants les uns des autres et de manifester des divergences, des antagonismes ou seulement l'indifférence réciproque, se montrent au contraire comme reliés entre eux par un certain degré de sympathie, par une sorte de concours, par une part de solidarité; de telle sorte que, si nous avons constaté ci-dessus entre les cellules de l'agrégat une coordination physiologique, nous constatons également une coordination, une solidarité psychique, c'est-à-dire un groupement harmonique et synergique des forces psychiques. Dans l'un comme dans l'autre cas, nous sommes en présence d'individualités ; mais il faut faire remarquer que ce sont des individualités d'ordre inférieur. Pourquoi d'ordre inférieur ? Parce que le lien qui rattache les parties les unes aux autres n'est pas tel qu'il établisse entre elles une solidarité profonde, définitive, et si nécessaire qu'on ne saurait les séparer sans compromettre ou altérer gravement la vie de l'ensemble.

Je ne puis m'étendre ici sur ce fait que la notion précise de l'individu et de l'individualité en histoire naturelle est peut-être irréalisable par sa nature même. Ceci me mènerait trop loin ; et ce n'est d'ailleurs pas indispensable pour le sujet que je traite. Je dirai de l'individualité, c'est-à-dire de la nature du groupement auquel on donne généralement cette dénomination, ce qui importera à la question actuelle, renvoyant pour plus d'explications, à ce que j'en ai dit ailleurs (*Essai sur la vie et la mort*). Ainsi, je tiens à insister sur ce fait d'observation, que l'individualité physiologique présente des degrés très variés qui résultent de la cohésion plus ou moins considérable des éléments qui forment le groupe, de leur dépendance plus ou moins grande, de leur solidarité. Ce qui est vrai de l'individualité physiologique peut être dit aussi de l'individualité psychique. Il y a des individualités d'ordre inférieur, dans l'un comme dans l'autre cas ; et il arrive que plusieurs cellules peuvent pendant une période de leur existence vivre dans l'union, confondre leurs rôles physiologiques, et présenter une certaine association dans leurs manifestations psychiques, et plus tard se séparer, et constituer par là autant d'individualités physiologiques et psychiques distinctes et indépendantes.

Mais, s'il y a des individualités inférieures, il y en a aussi de supérieures, et l'on peut entre celles-ci et celles-là saisir les degrés qui les relient et à travers lesquels s'est opérée l'évolution. L'évolution de l'individualité physiologique s'est opérée par la différenciation des éléments, par la division du travail, source de perfection et d'intensité des résultats, et, par-dessus tout, par l'établissement progressif d'une cohésion, d'une coordination et d'une solidarité plus complètes. L'individualité psychique s'est élevée également par des processus comparables ; les facultés mentales sont devenues plus manifestes, plus actives, plus puissantes, plus variées ; leur travail a manifesté plus d'intensité, plus de perfection ; mais, par-dessus tout, il s'est établi entre elles des liens d'une grande puissance, une coordination de plus en plus complète et une cohésion remarquable. Par là s'est constituée une individualité psychique qui, de plus en plus capable de penser, de sentir et de vouloir, se connaissant de plus en plus elle-même, se préoccupant vivement de son rôle dans l'univers, et capable de se poser résolument ces questions : Que suis-je? Que dois-je ? Que deviendrai-je? — a mérité chez l'homme le nom de personnalité.

L'être psychique humain, la personnalité humaine, au sens psychique du mot, est donc un faisceau, oui, un faisceau solidement lié, un groupe merveilleusement harmonisé, une puissante et admirable concaténation, mais un faisceau, un groupe, une être complexe. On ne saurait donc plus considérer le moi, la personnalité psychique, comme cette entité une, cette unité pure, parfaite, cette unité simple et indivisible de l'ancien spiritualisme. D'ailleurs, les maladies de ce moi, les lacunes qui peuvent s'y introduire à un moment donné, les variations qu'il peut présenter, les cas de double ou même de triple conscience si bien observés aujourd'hui, les dissociations dont la personnalité psychique se montre susceptible, etc., ne permettent guère de parler avec assurance de ce moi un et identique qui était l'article de foi le plus cher de la philosophie cousinienne, de celle qu'on nous enseignait du temps heureux de notre jeunesse. Ce moi un, indivisible, intangible, ne pouvait être conçu au fond qu'avec un supra-naturalisme mal compris, exigeant à chaque naissance d'un moi psychique, une intervention supérieure, spéciale, intervention sans antécédents accessibles aux recherches de la science, sans rapports avec les lois naturelles. Toute âme, en effet, ne pouvait être que le résultat d'une création surnaturelle, d'un souffle direct du Créateur, car, comment une âme une, simple, indivisible, pouvait-elle donner naissance à d'autres âmes, sans léguer comme germe une partie d'elle-même ? Mais l'unité simple, l'unité parfaite ne saurait se diviser et fournir des parties d'elle-même, car qui dit parties, dit complexité, composition. L'hérédité psychique n'est cependant pas contestable, et si (ce dont nous ne saurions douter) il est à cet égard des enfants qui offrent à la fois, avec les deux souches dont ils descendent, des ressemblances évidentes, il faut bien considérer leur être psychique comme formé de parties provenant d'origines différentes, comme un composé. Ainsi donc, nous ne pouvons considérer sérieusement l'être psychique comme constituant une unité pure, une unité simple : c'est un être complexe. Mais cet être complexe ou groupe psychique, comment est-il formé ? Quels en sont les composants ? Nous le verrons dans notre prochaine conférence.

J'ai parlé de la constitution primitive chez les métazoaires, du faisceau ou groupe psychique. Il convient d'ajouter que la formation de ce faisceau est accompagnée dans la constitution de l'organisme, de processus qui sont avec les premiers dans des relations étroites. Tandis, en effet, que chez les protozoaires on ne saurait distinguer, parmi les cellules, des cellules proprement dites, auxquelles seraient spécialement confiées les fonctions du système nerveux, et qui seraient les centres proprement dits de l'activité psychique ; chez les métazoaires, des cellules de cet ordre sont différenciées, sont mises à part, et acquièrent des caractères, des fonctions et des situations particulières. Ce qu'il y a de remarquable, c'est que ces cellules nerveuses, plus ou moins disséminées, plus ou moins dispersées, plus ou moins faiblement associées, chez les animaux dont l'individualité physiologique et psychique est faiblement accentuée, voient leurs liens s'accroître, leurs relations se multiplier, leur association se fortifier, leur groupement s'accentuer à mesure que l'individualisation s'affirme et s'élève. D'abord plus ou moins disséminées et éparses, puis réunies en petites masses ou ganglions séparés, distincts, reliés par des connectifs minces et longs, elles se groupent progressivement en masses plus volumineuses, plus compactes, à connectifs courts et gros, et finissent enfin, chez les individualités supérieures (l'homme, par exemple) par revêtir la forme de grandes masses compactes, très prédominantes, où les connectifs et les cellules nerveuses s'enchevêtrent dans un lascis, dans un réseau inextricable, masses que l'on nomme centre cérébro-spinal, cerveau et moëlle épinière.

Ainsi se sont constitués par un accroissement successif des masses nerveuses, par leur condensation et par leur association progressives, ces organes, sièges des phénomènes psychologiques, les centres nerveux; et nous ne pouvons méconnaître ce parallélisme remarquable et significatif entre la coordination croissante de ces phénomènes et la coordination croissante aussi des formes matérielles, des organes qui leur correspondent.

C'est là un fait très important, qu'il me suffit pour aujourd'hui d'avoir établi, et dont je me réserve de tirer les conséquences dans les conférences suivantes.

TROISIÈME CONFÉRENCE

Le cerveau et la pensée. Le cerveau et la personnalité. De l'origine de l'esprit. Du rôle des accumulateurs dans le monde physique, dans le monde physiologique et dans le monde psychique. — Qu'est-ce que l'esprit ? La vie est partout. L'esprit est partout. L'esprit et les forces générales de la matière. De l'indéterminisme relatif.

Nous avons vu, dans notre dernière conférence, qu'il y a dans le degré de cohésion des individualités physique, physiologique et psychique, un parallélisme dont on ne saurait être assez frappé. A mesure que les ganglions nerveux se massent et se pénètrent, à mesure aussi les phénomènes nerveux acquièrent plus de coordination, à mesure l'être psychique manifeste plus de solidarité et de cohésion. De là à considérer l'individualité psychique comme étant entièrement le produit des deux premières, c'est-à-dire de l'individualité anatomo-physiologique, de l'être matériel, il semble n'y avoir qu'un pas. L'âme, c'est-à-dire les états de conscience qui (pense-t-on) la représenteraient, résulterait purement de l'activité physiologique des centres nerveux et se réduirait à une succession de réflexes, c'est-à-dire d'impressions transmises par les nerfs de la sensibilité aux cellules nerveuses appelées à les transformer et à les traduire sous forme de pensée, de volition, de phénomènes de conscience, aussi bien que de mouvement, de sécrétion, etc. : l'être psychique serait le produit de l'être anatomo-physiologique. C'est là une conception mécanique qui exclut de la conception de l'être conscient, de l'être psychique, toute force spéciale, tout principe, toute autonomie, toute indépendance vis-à-vis de l'élément anatomique, et qui exclut par là même toute survivance de l'esprit, toute immortalité personnelle, après la destruction de l'élément nerveux par excellence, c'est-à-dire de la cellule nerveuse. Si l'âme est la création directe et le produit direct de l'action des centres nerveux, ceux-ci détruits et décomposés, il ne reste donc rien de l'âme.

Que le cerveau soit l'instrument indispensable de la pensée pendant la vie terrestre, que tout état mental ou psychique soit toujours accompagné d'un état cérébral, c'est-à-dire de conditions mécaniques ou physiologiques correspondantes, je suis le premier à le croire fermement. Il ne saurait en être autrement. Tout ce que l'on sait (et il faut convenir que l'on sait encore bien peu) tend à prouver que ces deux états sont deux faces simultanées d'un *processus* combiné. Les limites précises du physiologique et du psychique nous échappent certainement ; mais cela prouve-t-il que le psychique n'est autre que le physiologique ? Nullement. On peut en tirer seulement cette conclusion que toute activité psychique, dans les conditions actuelles, s'accompagne fidèlement d'un fait physiologique ; mais toute activité physiologique des centres nerveux n'est d'ailleurs pas accompagnée nécessairement de la production d'un état psychique, ou du moins d'un état psychique manifeste. On peut donc penser que, s'il y a dépendance, il n'y a pas identité ; on peut penser que le cerveau est une machine, une construction mécanique dont le jeu est indispensable aux manifestations de la pensée, de la volonté, sans que la machine soit la source, la cause même de la pensée, de la volonté, sans que la machine les crée effectivement. Un mécanisme que la vapeur met en mouvement n'est pas la source et l'origine de la force-vapeur qui est appelée à le mouvoir ; mais il est indispensable à la production de certains effets voulus de cette force.

Mais, en outre, en se plaçant au point de vue que je combats, le cerveau, mécanisme organique, siège des réflexes, ne saurait produire la pensée, produire la volonté, produire l'esprit que sous l'influence des causes extérieures, sous l'action de la matière et de ses mouvements, par exemple. Mais alors, il faudrait admettre que ce que l'on considère (à tort ou à raison) comme n'ayant rien de commun avec l'esprit peut engendrer l'esprit, que ce qui n'aurait rien de commun avec la connaissance, avec la pensée, avec la volonté, avec la sensibilité, serait capable d'engendrer ce quelque chose qui peut connaître, qui peut penser, qui peut sentir, qui peut aimer ou haïr.

Comme naturaliste, comme homme de science, je repousse une telle interprétation : tant que le problème sera ainsi posé par les matérialistes, et tant qu'on ne m'aura pas montré nettement, une relation étroite de nature entre le mécanisme purement physiologique de l'élément nerveux et l'esprit, je me refuserai obstinément à considérer comme démontré qu'il y a entre l'un et l'autre un rapport complet, absolu, de cause à effet, de créateur à objet créé. Non, un mécanisme cérébral ne crée pas la pensée, ne crée pas l'esprit ; mais il est possible qu'il fasse autre chose, qu'il joue un autre rôle par rapport à l'esprit. Je m'explique :

Il y a deux vérités dont un naturaliste doit tenir grand compte dans la solution du problème. La physiologie nous enseigne que la pensée, que tout fait de conscience est toujours lié à l'activité du système nerveux et du cerveau en particulier : le monde ambiant est pour le cerveau le point de départ de cette activité physiologique qui semble être une condition fondamentale de la pensée.

L'activité cérébrale joue donc un rôle constant, un rôle nécessaire dans l'élaboration de la pensée. Si ce rôle n'est point celui que lui attribuent les matérialistes, si le cerveau n'est pas capable de faire de la pensée avec ce qui n'aurait rien de commun avec la pensée, quelle est donc la relation qu'il y a entre l'activité physiologique du cerveau et la pensée, entre l'état cérébral et l'esprit ?

Voici ma réponse :

Si le cerveau n'est pas capable de faire l'esprit avec ce qui n'a rien de commun avec l'esprit, c'est-à-dire de créer l'esprit, il est capable de faire l'esprit avec de l'esprit, de l'accumuler comme force, d'en accroître la coordination, d'en opérer l'organisation, de façonner la pensée, la sensibilité et la volonté, de former ce faisceau bien lié qui devient sensibilité, pensée et volonté, d'organiser, d'accroître la conscience et de constituer enfin peu à peu l'individualité psychique et la personnalité, qui en est la plus haute expression. En faisant cela, le cerveau n'agit point autrement qu'un mécanisme qui, utilisant et condensant une force, en régularise et en systématise les effets.

Mais, où le centre cérébral puisera-t-il ces éléments de l'esprit? Sera-ce dans le milieu qui l'entoure, dans ce monde extérieur, dans ces objets matériels qui le frappent, qui l'impressionnent et qui provoquent en lui ces réflexes dont on a voulu faire la cause directe de la pensée?

Oui, ce sera dans ce milieu ; oui, ce sera dans ces choses qui sont pour nous des sources de sensations, dans tout ce qui éveille notre sensibilité et envoie à notre centre cérébral des mouvements, des vibrations centripètes. Sous ce rapport donc, avec les réalistes matérialistes, je reconnais dans le monde extérieur et dans le mécanisme cérébral la cause de la pensée et de l'organisation de l'esprit pensant ; mais à une condition, condition très importante, de première et grande valeur, c'est que le monde extérieur, c'est que la matière, cause des sensations, soit reconnue aussi comme le domaine de l'esprit, c'est que le germe et le rudiment de l'esprit soient répandus partout, que toute partie de la nature, que tout objet matériel réponde à ce dire du poète, c'est-à-dire du devin :

> Objets inanimés, avez-vous donc une âme
> Qui s'attache à notre âme et la force d'aimer?

Si l'esprit est partout, si partout sensibilité, volonté, pensée, conscience existent soit à l'état potentiel, soit à l'état latent ou sourd, soit à l'état plus ou moins éclatant, si la tendance évolutive qui semble diriger la nature, si la finalité générale qui la sollicite, si la marche progressive et organisatrice qu'elle manifeste sont les signes de cette présence générale et plus ou moins évidente de l'esprit, il est possible de concevoir, comme conforme même à cette tendance évolutive, à cette finalité générale et universelle, il est, dis-je, possible de concevoir que l'esprit réalise de plus en plus son perfectionnement, et qu'il existe des organes destinés à favoriser et à réaliser cette œuvre même. Ces organes seraient précisément les centres nerveux cérébraux.

Quel pourrait être leur rôle dans cette œuvre d'organisation psychique ? Elle pourrait être double. Les centres nerveux, dont le jeu se lie aux manifestations de l'esprit, pourraient jouer le rôle d'accumulateurs, de condensateurs et d'organisateurs de l'esprit. Par l'intermédiaire des voies centripètes ou nerfs sensitifs, ils recevraient du monde extérieur et des objets sentis, des influences mentales, des émanations du mental universel et diffus, répandu dans la nature, et qui seraient reçues comme le sont les vibrations calorifiques et lumineuses, par exemple, et transmises aux cellules nerveuses cérébrales destinées à les condenser, à les relier, à les organiser de manière à produire un état psychique plus élevé, plus intense, plus coordonné, plus cohérent, à produire enfin ce que nous appelons une âme. Ces éléments psychiques, épars et indépendants précédemment, et alors qu'ils appartenaient à des choses du dehors, à des objets capables d'être sentis, ces éléments psychiques, qui n'avaient pas entre eux des liens profonds, se trouvent par cela même réunis et condensés dans des éléments nerveux. Dans ce but, entre ces éléments nerveux se sont établies des relations très considérables, très importantes, par leur voisinage, par leur contact et par le chevelu très développé de filaments nerveux qui s'enchevêtrent les uns avec les autres d'une manière si étrange et si abondante que l'œil, aidé des instruments les plus puissants et des procédés techniques les plus compliqués, a grand peine à débrouiller ce chevelu inextricable. Aussi les éléments cérébraux agglomérés et enchevêtrés deviennent-ils le point de départ de cette coordination psychique, de cette cohésion intense, de cette solidarité remarquable, qui confèrent la personnalité. Ils deviennent les facteurs de cette fusion, de cette forte cohésion du psychique, qui pourra persister plus tard, pour des raisons et par un mécanisme que j'exposerai dans la suite.

A ce travail mental, qui constituerait une fonction spéciale, se joint nécessairement un état cérébral physiologique, une activité de circulation et d'échanges nutritifs correspondants; car à tout travail spécial d'un organe correspond une fatigue et une altération matérielle, une usure qui nécessite une réparation. Ce travail physiologique accompagne le travail psychologique des cellules, mais ne se confond pas avec lui. La contraction musculaire, par exemple, est aussi une action spéciale qui est nécessairement l'occasion d'une perte et d'une réparation, sans que les conditions organiques de cette perte et de cette réparation doivent être identifiées et confondues avec la contraction. La perte et la réparation sont des conditions nécessaires de la fonction normale, du travail de l'organe, mais elles ne sont pas la fonction elle-même; elles accompagnent et rendent possible le mouvement musculaire, mais elles ne sont pas la contraction et le mouvement musculaire; elles le rendent possible, mais elles ne le produisent pas directement.

Ainsi peut s'expliquer cette liaison constante de l'activité psychique et d'un état particulier du système nerveux dont les matérialistes ont tiré, je le crois fermement, des conclusions hâtives et illégitimes.

Pour résumer ma pensée et les considérations qui précèdent, je déclare que, pour moi, l'esprit est répandu partout, qu'il est partie intégrante de tout ce qui est pour nous matière d'observation et d'expérience, que, obscur et aveugle, souvent même méconnaissable et latent dans les états inférieurs de la matière, il acquiert, à mesure qu'on s'élève vers les représentants supérieurs de la création et de la vie, des formes plus accentuées et des caractères croissants d'intensité, de cohésion et de conscience, pour devenir clairement sensibilité, pensée, volonté et conscience. Les centres nerveux, et plus spécialement certaines de leurs cellules, paraissent chargés de l'organisation et de l'accumulation de ces éléments mentaux épars et faibles, pour en former cet édifice remarquable et merveilleux, cet être complexe et savamment coordonné que nous appelons personnalité. Les centres nerveux psychiques seraient donc des accumulateurs et des organisateurs de l'esprit, qui se trouve répandu et épars dans l'univers, comme le plasma primitif est un accumulateur de la vie, comme les centres nerveux non proprement psychiques sont des accumulateurs de la sensation et de l'excitabilité. La vie est partout comme l'esprit est partout. La création est une ; c'est là la conclusion à laquelle tend de plus en plus la science expérimentale ; et partout elle porte l'empreinte de Celui qui en est l'auteur et qui est esprit et vie. Les questions de savoir quelle est l'origine de la vie, quelle est l'origine de l'esprit deviennent donc des questions oiseuses pour la science, car elles se confondent avec la question insondable pour nous de l'origine de l'univers. Vie et esprit ont fait partie de l'univers dès les temps les plus reculés. Ils étaient répandus et diffusés dans le germe cosmique primitif. Vie, esprit, sont des conditions même de ce que nous appelons matière; elles en sont des parties intégrantes et inséparables. Il n'y a donc pas lieu de rechercher quelles sont les conditions dans lesquelles se sont établies les relations de l'esprit et de la vie avec la matière, pas plus que pour les relations entre la matière et l'étendue. Qui dit matière dit étendue, qui dit matière dit esprit et vie. La seule voie ouverte à la recherche, la seule question à poser devant la science reste celle-ci : Comment se fait l'accumulation de la vie et de l'esprit? Par quel jeu les organes chargés de ce rôle merveilleux parviennent-ils à le remplir? Peut-être un jour répondra-t-on à cette question séduisante et grandiose. Pour le moment, nous ignorons; et au milieu de l'obscurité qui nous environne, nous ne voyons qu'une chose, c'est qu'il y a dans la nature des organes accumulateurs et organisateurs de la vie et de l'esprit.

Je viens de parler d'accumulateurs et d'organisateurs de la vie et de l'esprit; il me reste à jeter encore plus de lumière sur la signification de ces termes, et à justifier leur emploi.

ACCUMULATEURS

En parlant du cerveau comme étant l'accumulateur et l'organisateur de l'esprit, j'ai prononcé des mots qui ont besoin d'explication et de justification, car la conception me semble nouvelle : et plusieurs en seront certainement surpris. Je tiens d'ailleurs à établir que je n'apporte pas ici seulement des mots, mais des idées ayant quelque fondement dans le domaine des faits.

Voyons d'abord ce que c'est qu'un accumulateur, et passons rapidement en revue les exemples que nous pouvons trouver d'un pareil facteur dans la nature soit minérale, soit organique, soit organisée.

Un accumulateur est une matière, une substance, un instrument, un organe capable de recevoir du dehors et d'emmagasiner, d'accumuler certaines forces, certaines substances, certains produits pour les restituer ensuite plus ou moins lentement, et dans certaines conditions. L'accumulateur ne crée pas, il accumule ce qu'il reçoit du dehors.

Je cite des exemples pour justifier et illustrer cette définition.

Un simple ressort est un accumulateur de force et de mouvement : lorsqu'on le tend, il emmagasine et accumule la force dépensée pour le tendre, et il peut ensuite la restituer soit rapidement, soit lentement, selon les conditions de détente qui lui sont appliquées. Le ressort de montre est de ce fait un exemple familier et frappant, car il emmagasine et accumule la force de tension que lui octroie en un moment la main de celui qui le remonte, et, grâce au mécanisme de détente employé, il restitue ce mouvement pendant une période de temps plus ou moins prolongée. Si la détente est brusque et non répartie sur une longue durée, la force est restituée brusquement et toute à la fois.

La vapeur d'eau et, en général, les liquides réduits en vapeur, sont aussi des accumulateurs de chaleur et de mouvement, car ils renferment à l'état latent, à l'état emmagasiné, la chaleur qui a été fournie par un foyer et employée à produire la vaporisation. Cette chaleur, ayant son équivalent mécanique, la vapeur, est, par cela même, simultanément un accumulateur de mouvement. La vapeur peut restituer la chaleur sous forme de chaleur ou sous forme de mouvement, en se condensant, c'est-à-dire en revenant à l'état liquide.

On sait que les corps ont besoin, pour s'échauffer et pour acquérir une même élévation de température, d'une quantité de chaleur variable suivant les corps. On dit en physique que la chaleur spécifique varie suivant les corps : l'eau, par exemple, a une capacité calorifique considérable. Aussi l'eau est-elle un accumulateur remarquable de chaleur qu'elle restitue ensuite plus ou moins lentement. De là vient que l'eau chaude est employée comme moyen de chauffage. On lui confie une grande quantité de chaleur qu'elle conserve et qu'elle restitue lentement.

Les autres corps sont des accumulateurs calorifiques, dont la valeur est proportionnée à leur capacité calorifique.

Il y a des substances auxquelles on a donné le nom de phosphorescentes et qui sont des accumulateurs de vibrations lumineuses. Ces substances peuvent être empruntées à la matière minérale, comme le sulfure de calcium, ou à la matière organique ou organisée, comme le vieux bois, certains champignons, etc. On est loin de connaître, dans tous ces cas, la cause et le mécanisme de la phosphorescence ; mais pour certains de ces corps, comme le sulfure de calcium, il est certain qu'on ne saurait invoquer une action chimique. Le sulfure de calcium exposé à la lumière a la propriété d'emmagasiner, d'accumuler, de fixer en lui les vibrations lumineuses, pour les restituer ensuite, dans l'obscurité, sous forme de phosphorescence, dont l'éclat va décroissant à mesure que s'éloigne le temps où avait agi la lumière.

L'électricité aussi peut être accumulée sur des

surfaces métalliques étendues, comme les cylindres d'une machine électrique, ou sur un condensateur électrique proprement dit, ou dans des accumulateurs où l'électricité s'emmagasine et se condense, grâce à une combinaison du plomb avec l'oxygène de l'eau, et est restituée plus tard grâce à une décomposition de l'oxyde de plomb.

Les aimants peuvent aussi être considérés comme des accumulateurs de magnétisme, dont l'action accumulatrice maintient, pendant un temps variable suivant les circonstances, un degré maximum de tension magnétique dans le corps aimanté.

La matière minérale nous fournit des exemples d'accumulateurs de la matière. Telle est l'éponge de platine, corps poreux qui a la faculté de condenser et d'accumuler en elle des quantités relativement énormes de gaz. A quoi tient ce pouvoir accumulateur? Serait-ce à la porosité exceptionnelle du réseau très fin de ce métal spongieux? Mais il est des corps, très poreux eux-mêmes, qui ne présentent rien de semblable. Serait-ce à d'heureuses proportions entre le diamètre des pores du platine et celui des atomes ou des molécules des gaz accumulés? Mais ce diamètre variant avec les gaz, les proportions sont également variables. Il faut convenir que l'explication du pouvoir accumulateur de l'éponge de platine est encore à trouver, et que nous devons nous borner à le constater.

Mais il est, dans la matière organisée et parmi les tissus vivants, des organes accumulateurs dont la considération offre pour nous un intérêt tout spécial, puisqu'elle nous permet de trouver en eux un rôle analogue en quelque mesure au rôle accumulateur de l'élément nerveux, siège de la force-esprit.

Cette proposition s'applique à un très grand nombre des organes que l'on nomme glandes ou organes sécréteurs et qui sont appelés à produire un liquide ou un produit d'une composition déterminée. Ainsi les reins qui sécrètent l'urine, ainsi le foie qui sécrète la bile.

Ces organes ont pour élément essentiel et pour facteur réel des cellules qui déversent au dehors les liquides sécrétés. Or, certains des éléments de ces liquides se trouvent déjà dans le sang de l'animal, mais à l'état très dilué et à peine constatable ; et le rôle des cellules sécrétantes consiste à les extraire du sang, à les mettre à part *(segregare)* et à les accumuler en elles, dans leur sein, pour les déverser au dehors, sous forme de solution concentrée, soit dans leur état primitif, soit après leur avoir fait subir des modifications de condensation ou de combinaison, ou même des transformations diverses. Ces cellules sont proprement des accumulateurs.

Il est probable que, pour bien des glandes, un mécanisme semblable sera un jour reconnu comme réel, lorsqu'il sera possible de déceler dans le sang des quantités infinitésimales des principes sécrétés par la glande.

C'est par une faculté d'accumulation du mouvement, que peut — me semble-t-il — être interprété le rôle contractile de la fibre musculaire. Ce mouvement, accumulé dans la fibre musculaire comme dans un ressort, se manifeste comme dans celui-ci, quand il y a détente sous l'influence d'un excitant soit direct, soit nerveux. La fibre musculaire trouve la source de ce mouvement, qu'elle emmagasine, dans les énergies du milieu nutritif.

Il existe chez les végétaux une substance qui joue remarquablement le rôle d'accumulateur du carbone : c'est la chlorophylle qui, arrachant le carbone de la combinaison qu'il forme avec l'oxygène dans l'acide carbonique de l'atmosphère, l'accumule dans le végétal sous forme de cellulose, de bois, d'amidon, etc. Ce carbone, saisi par les sucs végétaux, va se déposer dans les diverses parties du végétal. Mais, en même temps, la chlorophylle est un accumulateur de la chaleur et de la lumière solaires, car, dans son travail réducteur, elle absorbe les radiations solaires pour les restituer plus tard dans la combustion de nos foyers.

Je n'ai certes pas rapporté ici tous les exemples d'accumulation que fournit le domaine exploré de la science. Je crois le rôle de l'accumulation dans la nature bien plus important et bien plus répandu qu'on ne l'a pensé jusqu'à présent, et bien des phénomènes trouveraient peut-être en lui une sorte d'explication.

Qui sait, en effet, si le caractère sensitif de certaines parties centrales du système nerveux n'est pas dû à ce qu'elles sont proprement des organes d'accumulation et d'organisation de la sensibilité sourde, simple et rudimentaire qui est répandue dans la matière.

Et quant aux parties périphériques du système nerveux, et par exemple pour les organes de sensibilité spéciale (le toucher, la vue, l'ouïe, le goût, l'odorat), les cellules si remarquablement modifiées qui sont appelées à recueillir les causes extérieures des sensations et à les transmettre aux centres nerveux proprement dits, pourraient bien être avant tout des organes d'accumulation et de sélection (c'est-à-dire au fond de sécrétion) soit des vibrations lumineuses, soit des vibrations sonores, soit des actions gustatives ou olfactives, soit des phénomènes de pression des corps extérieurs. Ces cellules si caractéristiques des organes sensoriels seraient en effet appelées à choisir, à séparer et à condenser en elles certains mouvements spéciaux de la matière pour en transmettre l'effet à des centres accumulateurs et organisateurs de la perception. C'est là une conception qui me paraît appuyer la considération de la forme de ces cellules sensorielles, car cette forme varie avec la nature de la sensation et présente des dispositions spéciales qui, dans quelques cas, paraissent avoir surtout en vue l'accumulation du mouvement à sentir.

C'est ainsi que, dans la constitution de l'organe visuel, la nature hyaline des éléments sensoriels, qui permet leur pénétration facile par la lumière, se trouve associée à la présence de pigments infranchissables, qui sont pour ainsi dire des conservateurs et des condensateurs de la vibration lumineuse (1). Dans l'organe auditif, les cellules pourvues de cils vibratiles éminemment propres à être ébranlés et mis en vibration par les ondes sonores, sont associées à des éléments minéraux et cristallins, les pierres auditives, qui sont bien faites pour accumuler et condenser sur elles les vibrations à elles transmises par les membranes et les liquides. Dans les organes tactiles, les filaments nerveux sont associés le plus souvent à des

(1) Les pigments de l'œil, dit-on, absorbent la lumière. C'est juste, mais absorber n'est pas détruire ; c'est saisir, c'est prendre, c'est conserver et condenser à l'état latent, comme la vapeur d'eau absorbe la chaleur et l'accumule en la rendant latente.

coussins plus ou moins élastiques, capables d'emmagasiner la pression et de la répartir sur une étendue considérable du filament nerveux. Ainsi donc, dans les portions périphériques, comme dans les parties centrales du système nerveux, le rôle de l'accumulation me paraît manifeste et de première importance.

Mais il existe chez certains poissons (torpille, silure, gymnote, etc.) un organe très intéressant qui a la propriété de manifester des phénomènes électriques remarquables et de donner des secousses parfois intenses. Ce sont les organes dits électriques. Ces organes correspondent d'ailleurs à des lobes volumineux de la masse cérébro-spinale, que l'on nomme lobes électriques. L'examen de ces organes a démontré qu'ils étaient extrêmement riches en arborisations et en terminaisons nerveuses disséminées au milieu d'éléments cellulaires. Que sont ces organes et le centre nerveux correspondant ? Sont-ce des producteurs de l'électricité, ou simplement des sécréteurs, des accumulateurs de la force électrique répandue partout, soit dans l'organisme animal, soit dans le milieu extérieur ? Pour ma part, je me rattache à cette dernière conception, et j'en donnerai bientôt la raison générale. Je crois, en effet, que l'organe électrique est un accumulateur d'électricité, fourni par la matière organisée, accumulateur dans lequel l'électricité s'accumule et se conserve à l'état de tension, jusqu'à ce que le centre nerveux correspondant, sous l'influence d'une excitation, permette et produise la détente, cause de la secousse électrique. Ce phénomène, en effet, peut être exactement comparé à ce qui se passe dans le système musculaire, où le muscle accumule le mouvement pour le livrer sous forme de contraction, quand le centre moteur en transmettra l'ordre sous forme d'une action excito-motrice.

L'organe électrique est donc un exemple, plein d'intérêt pour nous et à notre point de vue spécial, d'un organe accumulateur d'une force particulière et bien caractérisée, qui offre, avec la force nerveuse considérée en général, quelques éloquentes affinités.

Le caractère et le rôle brillant du protoplasme ne tient-il pas à ce que cette combinaison est avant tout un accumulateur et un organisateur de la vie générale qui anime toute la création et qui se présente dans les états inférieurs de la nature sous une forme si voilée et à des degrés si imperceptibles qu'il paraît presque paradoxal d'en parler?

Enfin, et pour revenir à notre sujet, je pense que les centres cérébraux psychiques gagnent à être conçus comme des accumulateurs du psychique diffus répandu dans l'univers, et qui leur parvient par le canal des nerfs périphériques et, plus particulièrement, par les organes des sens et les cordons nerveux, qui les rattachent au centre cérébral. Les sens et leurs nerfs sont les portes et les voies de pénétration du psychique extérieur dans le cerveau. La sensation est la constatation consciente ou inconsciente de cette pénétration.

Que l'on ne m'objecte pas que le mécanisme d'un phénomène si remarquable est tout à fait inconnu et que l'on n'a aucun droit de considérer ce phénomène comme réel. Il me suffira de répondre que ce mécanisme n'est pas plus inconnu que celui de l'accumulation de la lumière dans le sulfure de calcium, ou de la chaleur dans l'eau, ou de l'électricité dans un condensateur, etc., etc., et qu'on n'a cependant aucun droit de nier la réalité de ces derniers phénomènes, et bien plus que nul ne songe à la nier.

J'ai parlé non seulement d'accumulateur, mais d'organisateur. Pour ce dernier rôle, les exemples abondent dans la nature vivante, et on le retrouve facilement dans la plupart des organes glandulaires. La plupart, en effet, non seulement s'emparent de principes déjà contenus dans le liquide nutritif qui les baigne, mais ils les modifient, les combinent, les organisent, en font des produits nouveaux, pourvus de facultés particulières et destinés à jouer des rôles spéciaux. Les matériaux de ces nouveaux composés étaient répandus dans le sang; la cellule glandulaire les a accumulés, rapprochés, combinés, organisés; elle en a fait, pour ainsi dire, un nouvel organisme. Les cellules du centre cérébral me paraissent jouer vis-à-vis du psychique diffus un rôle comparable à celui des cellules glandulaires. Recevant les vibrations ou les émanations du psychique universel qui lui sont transmises par les nerfs centripètes et par les organes des sens en particulier, elles s'emparent de ses éléments pour les modifier, les grouper, les combiner et constituer ainsi un groupement solidaire, un véritable édifice psychique.

L'ancien spiritualisme s'est beaucoup scandalisé de cette affirmation, lancée comme une provocation par le matérialisme : « Le cerveau sécrète la pensée, comme l'estomac digère les aliments, comme le foie sécrète la bile » (Cabanis). Eh bien, j'accepte le mot, s'il est vrai que le rôle des glandes, organes sécréteurs, est non de créer, mais de puiser dans le liquide nutritif, dans le sang, des principes dilués, soit pour les accumuler à l'état condensé, soit pour les modifier, les réunir dans des groupements nouveaux, dans des combinaisons nouvelles, de manière à en faire des produits nouveaux, et, pour ainsi dire, de nouveaux organismes.

J'accepte encore le mot, s'il est vrai que le rôle de l'estomac est non de créer les aliments, les principes nutritifs qui lui viennent du dehors, mais de les transformer, d'en extraire les parties utiles, de les modifier, de les combiner de manière à les rendre assimilables, et de rejeter les parties qui ne sont point de nature à servir d'éléments de nutrition.

A ce point de vue, le centre cérébral est aussi un organe glandulaire; il ne crée pas l'esprit, il ne crée pas le psychique, mais il s'empare du psychique diffus répandu en dehors de lui; il l'accumule, il l'organise, et il est l'organe sécréteur de la pensée, en conservant à ce mot de sécréteur le sens que lui confère son étymologie, puisqu'il signifie séparateur. Oui, le cerveau sépare le psychique universel, il l'emmagasine et en fait son lot; mais, en outre, il l'organise, il le transforme en un groupe dynamique supérieur. Il n'y a rien là qui puisse nous scandaliser, ni nous humilier; il n'y a rien là qui blesse la logique la plus exigeante, puisque le cerveau fait de l'esprit avec de l'esprit.

J'ai dit plus haut que je considérais l'organe électrique comme un accumulateur et non comme un producteur de l'électricité, et j'ai promis de donner de ce fait la raison générale. Je le fais d'autant plus volontiers qu'elle s'applique à tout ce que je dis ici du rôle des accumulateurs et des organisateurs des forces et de la matière, et qu'elle en résume l'esprit.

Il ne faut pas oublier, en effet, qu'en réalité, et d'une manière absolue, autant qu'il nous est permis d'en juger par ce qui se passe autour de nous, il n'y a pas dans la nature de créateur et de producteur de force et de matière. La nature semble avoir reçu dès l'abord et elle possède d'ores et déjà toute la quantité de force et de matière qu'elle doit renfermer, et en elle il ne saurait être question de production créatrice dans le sens rigoureux du mot. Il n'y a que des transports, des changements soit de lieu, soit de forme, soit d'apparence, soit de relations. Pas plus nos instruments que nos organismes ne produisent de la force; ils se bornent à l'accaparer, à l'accumuler, à la mettre en réserve, à la modifier, à la conserver ou à la dépenser. Aussi y a-t-il partout de la force et de la matière, sous des aspects divers, dans des conditions de condensation ou de raréfaction très variées et très différentes. Partout il y a de l'électricité, de l'attraction, des vibrations de l'éther, du magnétisme, et partout aussi de la vie et de l'esprit, d'une manière ou latente, ou rudimentaire, ou éclatante; et les instruments ou les organes qui donnent à ces forces l'occasion de se manifester ne sont que des accumulateurs et des organisateurs. C'est là un fait très général et une condition universelle à laquelle n'échappe pas le cerveau comme centre accumulateur et organisateur de l'esprit.

Mais le rôle d'accumulateur et d'organisateur du psychique que je prête au centre cérébral, exige donc que ce centre trouve dans le milieu général, dans ce qui l'entoure, dans ce qui frappe les sens, une source générale de psychique à laquelle il soit à même de puiser.

Il me reste donc à développer cette assertion, précédemment émise, que l'esprit est répandu partout dans la nature. Elle aura certainement surpris bien des auditeurs, et je leur dois quelques éclaircissements sur une proposition qui pourrait leur sembler étrange.

Demandons-nous d'abord ce que c'est que l'esprit. L'esprit est une force capable de penser, de sentir et de vouloir. C'est dire qu'il y a esprit là où il y a quelque discernement des choses, quelque appréciation des motifs, quelque soupçon d'une préférence, quelque manifestation d'une faculté de choisir, quelque attraction ou quelque répulsion, quelque indice d'une fin poursuivie. L'esprit est donc ce qui est capable de discerner les raisons d'aimer ou de repousser, ce qui est capable de connaître une fin et de travailler à la réaliser. Il est clair qu'une faculté répondant à ces caractères généraux peut se présenter avec des degrés très variés de développement et d'activité, depuis la simple tendance, obscure et rudimentaire, vers la réalisation d'un état évolutif, jusqu'à l'épanouissement complet d'une raison élevée, consciente d'elle-même, capable de raisonner, d'analyser, de généraliser, susceptible de formuler et de faire valoir les motifs qui la déterminent dans ses préférences ou ses répulsions, ayant, pour acquérir ce qu'elle aime et pour fuir ce qu'elle n'aime pas, une force de volonté consciente et se mouvant dans une atmosphère de large liberté. Ce sont là des degrés extrêmes entre lesquels il est possible de constater les nuances les plus diverses.

Dans l'*Essai sur la Vie et la Mort*, je me suis efforcé d'établir que la vie était partout, tantôt sourde et latente dans la nature dite inanimée, tantôt intense et brillante chez les êtres dits vivants. Aux raisons que j'ai fait valoir alors et qui étaient empruntées à divers domaines des sciences de la nature, sont venues depuis s'en joindre de nouvelles. Dans ses expériences si intéressantes sur « *La vie et les basses températures* », M. Raoul Pictet (1) a démontré que des organismes vivants, soumis d'abord à des températures de — 200° et ramenés ensuite à la température normale, présentaient de nouveau les

(1) Communication faite à la réunion de la Société helvétique des sciences naturelles (76ᵉ Session, tenue à Lausanne, septembre 1893) et *Revue scientifique*, 4 novembre 1893.

phénomènes de la vie. Et cependant, à cette basse température de — 200°, et même à — 100°, déjà toute manifestation de la vie avait disparu, puisque toute action chimique avait été supprimée. La matière vivante était donc devenue une matière dite morte ; et cependant, il a suffi que cette matière prétendue morte fût replacée dans des conditions convenables de température pour qu'elle redevînt matière vivante. De là, M. Raoul Pictet a conclu justement que la vie est une manifestation des lois de la nature au même titre que la gravitation et la pesanteur. « Elle est toujours là, dit-il, elle ne meurt *jamais*, elle demande pour se manifester (c'est-à-dire pour devenir manifeste, constatable, patente) (l'interprétation est de moi), l'organisation préexistante. »

« L'étude des phénomènes vitaux, dit en terminant M. Raoul Pictet, par l'emploi méthodique des basses températures, permet donc de faire rentrer la vie au nombre des forces constantes de la nature. »

La vie est donc une force naturelle constante, elle est présente et répandue partout. Comme toutes les forces constantes de la nature, elle peut être latente, sans manifestations saisissables pour nous, ou avec des manifestations faibles et obscures, mais, dès que des conditions convenables se présentent, conditions d'organisation, de milieu, de température, etc., elle se révèle par d'éclatantes manifestations. L'affinité chimique (cette force qui préside aux combinaisons chimiques), qui est aussi une force constante et que l'on voudrait distinguer radicalement de la vie, donne lieu à des observations identiques. Aux basses températures, son action s'affaiblit; si la température s'abaisse encore, l'affinité cesse d'agir et n'est plus manifeste; on pourrait croire qu'elle a disparu entièrement. Mais si la température se relève progressivement, progressivement aussi l'affinité redevient active et manifeste. A-t-elle disparu avec le froid? Non, puisqu'il suffit de la chaleur pour qu'elle redevienne évidente. Or, la chaleur n'est pas l'affinité ; elle est une des conditions de sa manifestation. L'affinité est seulement devenue latente. Il en est de même de la vie. Elle est partout, mais elle ne se manifeste clairement, brillamment que lorsque les conditions d'organisation, de température, de milieu, etc., permettent cette manifestation.

Dans le même sens, et en faveur des mêmes conclusions, parlent les observations récentes sur la germination que M. Q. Romanes a communiquées à la *Royal Society* de Londres. Des graines sèches (trèfle, pois, haricots, épinards, etc.) ont été placées, pendant de longues périodes de quinze mois, dans des milieux irrespirables par la production du vide aussi complet que possible, ou pendant la durée de trois mois dans des atmosphères gazeuses diverses (oxygène, hydrogène, azote, oxyde de carbone, hydrogène sulfuré, vapeur d'eau, éther, chloroforme). Ces graines, replacées dans des conditions convenables, ont germé régulièrement, et ont ainsi manifesté la vie. Et cependant, il est permis de penser que dans le vide à 1/1000 d'atmosphère ou dans les gaz irrespirables, cette vie était devenue complètement latente et sans manifestation.

La vie n'est pas seulement là où se manifestent les phénomènes considérés comme représentant proprement la vie. Elle est partout ; et il suffit, pour qu'elle se révèle, de faire naître des conditions convenables. Une comparaison fera comprendre ces alternatives de latence et de manifestation de la vie. Quand une plaque photographique sensible vient d'être impressionnée, l'œil de l'observateur, même armé des meilleurs instruments d'optique, ne distingue rien sur cette surface, qui a cependant reçu et fixé l'action de la lumière. Et pourtant, l'image est là en puissance, malgré toutes les apparences contraires. Seulement, cette image n'est pas visible pour nous : elle consiste certainement dans des modifications moléculaires ou dynamiques intimes qui nous échappent entièrement, mais de la réalité desquelles il ne nous est pas permis de douter. L'image existe ; elle est, comme Agrippine,

« invisible et présente ». Seulement, elle est cachée pour nous ; et il faut, pour qu'elle apparaisse à nos yeux, que la plaque soit mise dans des conditions convenables, c'est-à-dire soumise à l'action du révélateur. Mais cette image deviendra plus ou moins visible suivant que le révélateur sera plus ou moins énergique. S'il est faible, l'image sera faible et rudimentaire ; s'il est énergique, l'image sera brillante et tous les détails acquerront une grande valeur.

Il en est de même de la vie. La plaque sensible, c'est la matière qui a reçu partout l'empreinte de la vie. Mais pour que cette image, c'est-à-dire la vie, se révèle et se manifeste clairement, pour qu'elle devienne brillante, intense, il faut que la matière soit placée dans certaines conditions. L'organisation, la présence de l'eau, la température, la lumière, l'électricité, etc., constituent ces révélateurs qui, suivant leur degré, leur intensité, leur combinaison, mettent la vie plus ou moins en évidence et en rendent la manifestation plus ou moins éclatante. L'abaissement de la température peut supprimer toutes les manifestations vitales chez un être vivant ; mais la chaleur peut les ramener, et la chaleur n'est cependant pas la vie. Et quant à la composition ou organisation, s'il ne nous est pas encore donné de faire subir à la matière vivante toutes les modifications qui pourraient provoquer alternativement ces disparitions et ces retours de manifestations vitales, nous pouvons cependant en provoquer quelques-unes, et nous savons, par exemple, que la dessiccation, c'est-à-dire la suppression de l'eau, et sa restitution, sont capables d'opérer ces morts et ces résurrections alternatives chez les animaux dits ressuscitants ou reviviscents.

Ce que j'ai dit de la vie, on est — me semble-t-il — autorisé à le dire de l'esprit. Et, d'ailleurs, si la vie est partout, l'esprit y est aussi nécessairement ; car qu'est-ce qui répond mieux que la vie aux caractères que nous avons reconnus comme étant ceux de l'esprit ? Où se manifeste mieux et plus vivement que dans la vie l'existence d'une tendance à la réalisation d'une fin ? Où voyons-nous plus clairement les enchaînements, la coordination intelligente, l'appétition pour tel ou tel résultat, la lutte contre tel ou tel autre ? Ce n'est certes pas en présence des découvertes et des applications merveilleuses que fait aujourd'hui l'art de guérir, que l'on oserait nier l'existence de la finalité, la réalité de l'effort en vue d'une fin dans l'organisme vivant. Plus que jamais, nous sommes appelés à constater et à admirer ces efforts faits par l'organisme pour se débarrasser des influences nuisibles, pour mettre en fuite ou détruire l'ennemi. Aux micro-organismes qui l'attaquent, aux toxines capables de porter atteinte à sa vie, l'organisme, c'est-à-dire la vie, oppose les antitoxines, c'est-à-dire des substances qu'il fabrique lui-même et qui constituent les moyens de défense exactement opposés aux causes du mal; aux micro-organismes nuisibles qui, introduits dans un point de l'organisme, voudraient l'envahir tout entier, elle oppose, soit des principes entrant dans la composition du sang et détruisant les microbes qui pénètrent constamment dans l'organisme pour en faire l'assaut, soit des éléments cellulaires ou globules blancs, les leucocithes, qui dévorent les microbes et s'opposent à leur propagation. Nous sommes donc en présence d'un organisme qui se défend lui-même par des moyens admirablement appropriés, et ainsi se met de plus en plus en évidence cette vertu médicatrice de la nature, dont l'Ecole de Montpellier a toujours proclamé la réalité et la puissance, malgré les sourires et les sarcasmes de ceux qu'éclairent tardivement aujourd'hui les observations si magnifiques de la médecine expérimentale.

Eh bien, y a-t-il, dans ces successions de phénomènes, dans cette association de faits, dans ces résultats si admirables et si consolants, y a-t-il, dis-je, quelque chose de coordonné, de logique, de voulu; en un mot, quelque chose de mental, un signe de l'esprit?

Oui, la vie réalisée est une claire manifestation de l'esprit ; elle en est le fruit et le résultat ; car c'est l'esprit, c'est-à-dire la possibilité de concevoir une fin ou la volonté de la réaliser par des moyens préférés et choisis, c'est l'esprit encore inconscient répandu dans la nature, qui a présidé à l'organisation du protoplasme, substance commune à tous les êtres vivants, milieu propre aux manifestations de la vie, base physique de la vie. C'est à l'esprit que le protoplasme doit cet organisme merveilleux qui en fait un accumulateur de la vie universelle, de la vie générale et sourde, de la vie diffuse dans la nature, et par conséquent aussi un accumulateur de l'esprit. C'est encore l'esprit, c'est-à-dire la volonté de réaliser une fin, qui dirige ce mécanisme admirable par lequel la cellule se divise, se fragmente, forme une agrégation de cellules d'abord semblables entre elles, puis différenciées et groupées suivant leurs affinités pour constituer des organes. C'est encore l'esprit qui parvient enfin à la constitution de cet édifice à jamais étonnant qui reçoit le nom de plante, d'arbre, de corps ou d'organisme végétal ou animal.

C'est enfin l'esprit, sous forme de tendance évolutive, c'est-à-dire de préférence et de choix dans les moyens, de volonté manifeste pour l'exécution, de direction générale évidente au milieu même des hésitations et des tâtonnements apparents, c'est, dis-je, l'esprit qui a présidé à cette évolution, dont la résultante générale est un fait d'évidence, car elle a conduit la matière de ses états inférieurs et humbles vers son organisation végétale et animale, et vers la manifestation toujours plus élevée et plus brillante de la faculté de penser, de sentir, de vouloir, qui est l'esprit lui-même : si bien qu'il est juste de dire que l'esprit a présidé et préside toujours d'une manière incessante à l'organisation plus élevée et plus puissante de l'esprit. Aucun physiologiste ne se refusera, en effet, à reconnaître que, dans l'évolution générale, c'est le système nerveux, siège des manifestations psychiques, qui occupe le premier rang dans les sollicitations de la finalité; c'est lui qui est le but suprême; c'est pour lui que les autres organes se sont multipliés et perfectionnés comme des serviteurs dévoués et résolus à nourrir, à défendre, à glorifier leur seigneur et maître. Nul n'oserait dire que l'animal, que l'homme, par exemple, qui est la plus haute expression de la vie, est ou un tube digestif ou un appareil respiratoire, ou un organisme reproducteur, car il est aisé de sentir tout ce que ces définitions, ces équations auraient d'imparfait et de ridicule. Mais il sera permis de dire que l'homme est un centre cérébro-spinal, un accumulateur et un organisateur de l'esprit, servi par des organes de nutrition et par des organes porteurs de germes destinés eux-mêmes à devenir le siège des perfectionnements évolutifs de ce centre accumulateur, et, par conséquent, des perfectionnements de l'esprit. La vie apparaît donc, en somme, comme l'ensemble des efforts de l'esprit pour se manifester et s'élever.

Je le répéterai donc, la vie est partout et l'esprit est partout, car l'esprit est la source même et l'organisateur de la vie. Dans la création, là où la vie est latente, l'esprit l'est aussi; là où la vie est sourde et humble, rudimentaire, l'esprit l'est également, et à mesure que s'élève et s'agrandit le cadre de la vie, à mesure aussi éclatent le rayonnement et la puissance de l'esprit. Voilà les conclusions auxquelles m'ont conduit l'observation de la nature et la méditation sur ce qu'on peut connaître d'elle. Je sais bien qu'elles ne seront pas accueillies avec faveur par tous, et qu'on m'accusera de prétendre voir ce que d'autres n'ont jamais vu et ce qu'on ne saurait voir. Je sais bien qu'il est des choses qu'on ne peut encore démontrer d'une manière irréfutable, et je ne prétends point, sur ce sujet, à donner aujourd'hui une démonstration triomphante. Mais il me semble avoir du moins montré qu'il y a quelques raisons sérieuses de partager les convictions que je viens d'exposer. Je sais encore combien, sur le terrain de la finalité dans la nature, il est facile de glisser dans l'ornière des explications enfantines et d'atteindre l'absurde. Aussi me garderai-je d'entrer dans la voie de l'exposition des finalités spéciales : je crois fermement à leur réalité, car l'étude constante que je fais des organismes me la démontre clairement ; mais je sais aussi combien notre ignorance du fond même des choses s'oppose à ce que, dans un très grand nombre de cas, nous puissions en parler avec certitude et avec une suffisante compétence. Mais s'il faut être d'une grande prudence dans l'explication des faits particuliers de finalités spéciales, je crois qu'il est permis d'être très hardi dans l'affirmation d'une finalité générale dont les finalités spéciales sont la menue monnaie. Comment, en effet, se refuser à voir, dans la nature, l'organisation croissante, le progrès de la vie et la manifestation toujours plus claire de l'esprit ? C'est là, je pense, un but, une fin dignes et merveilleux ; et, s'il est une parole qui puisse nous pousser à voir dans la nature l'esprit organisateur et régulateur, je ne crois point qu'il puisse en exister de plus éloquente.

« Tout mouvement, a dit Aristote, est une sorte d'appétit. » Mais qu'est-ce qu'un appétit, considéré dans le sens large et général du mot, si ce n'est l'indice d'un choix, d'une préférence, d'une volonté (consciente ou inconsciente) de saisir et de posséder, c'est-à-dire d'une faculté plus ou moins rudimentaire de choisir et de vouloir. Or, quelle est la particule matérielle, quel est le point de la nature qui ne soit le siège de mouvement? Toute molécule matérielle, tout atome est sans cesse animé de mouvements d'attraction ou de répulsion, de mouvements de vibration, de composition et de décomposition, si bien qu'en tout point de la matière se manifestent des appétits, c'est-à-dire des indices de l'esprit. « Mettant bas tout déguisement, a dit le grand physicien Tyndall, dans son beau discours prononcé à Belfast (1874), à l'ouverture de la session de l'Association Britannique pour l'Avancement des Sciences, mettant bas tout déguisement, voici l'aveu que je crois devoir faire devant vous : Quand je jette un regard en arrière sur les limites de la science expérimentale, je discerne au sein de cette matière (que dans notre ignorance et tout en proclamant notre respect pour son Créateur nous avons jusqu'ici couverte d'opprobre) la promesse et la puissance de toutes les formes et de toutes les qualités de la vie. »

Formes et qualités de la vie! Mais de toutes, qu'elle est la plus haute, la plus digne, la plus admirable, si ce n'est l'esprit? L'éminent physicien anglais voyait donc au sein de la matière la promesse et la puissance de l'esprit. Et si, continuant à méditer sur ce grandiose problème, nous élevons nos regards avec plus de hardiesse, si, nous appuyant courageusement sur des analogies sérieuses, nous cherchons les rudiments, les premiers linéaments de l'esprit, dans la nature en général, il nous sera peut-être permis de nous demander si ce que nous appelons les forces générales de la matière, c'est-à-dire la chaleur, l'électricité, le magnétisme, si les vibrations lumineuses, si l'attraction, etc., que nous avons considérés comme des forces brutes, que nous avons relégués dédaigneusement dans les bas-fonds de nos systèmes comme indignes de jouer un rôle essentiel dans les mouvements de l'esprit, ne sont pas, au fond et en réalité, ces premiers rudiments de l'esprit, ces formes simples et élémentaires, encore peu éclatantes, encore peu différenciées et encore soumises (*en apparence* du moins) à un déterminisme absolu que nous considérons comme exclusif de toute nature spirituelle ; car la liberté ou l'indéterminisme qui en est la condition est, quoi qu'on en dise, le caractère distinctif par excellence, la qualité maîtresse de ce quelque chose que nous comprenons sous le nom de l'esprit.

J'ai dit que ces forces générales de la matière étaient soumises, *en apparence* du moins, à un déterminisme absolu. Ne le seraient-elles pas en réalité? C'est ce qu'il est possible de prétendre, non sans quelque logique.

Dans un Essai ayant pour titre *Évolution et*

Liberté, publié il y a dix ans déjà (1), je me suis efforcé de montrer que le déterminisme absolu, que l'on prétend être la loi de la nature, pourrait bien n'être qu'un indéterminisme relatif. On peut concevoir, en effet, plusieurs degrés d'indéterminisme dans la nature. Dans la matière minérale, l'indéterminisme, réduit à des proportions très infimes, échapperait à notre observation et serait relégué dans certains phénomènes moléculaires qui n'influeraient pas sur les résultats de l'ensemble. L'indéterminisme serait plus marqué et plus évident, quoiqu'encore dans une mesure assez restreinte, dans l'état physiologique de la matière. Aussi, la variation y deviendrait-elle très fréquente et y parlerait-on, avec raison, de la contingence des lois de la nature (2). Enfin, dans le domaine psychique, l'indéterminisme, élevé à la dignité de liberté, atteint son plus haut degré de valeur et d'évidence.

La précision et l'exactitude des résultats expérimentaux dans les sciences seraient relatives à l'amplitude des variations contingentes. Il y aurait là des degrés correspondants d'approximation qui sont du reste, pour nous, des résultats d'expé-

---

(1) *Revue chrétienne*, 1883.
(2) Boutroux : *De la Contingence des lois de la nature* (Thèse de Doctorat).

rience. Dans les sciences physiques, les variations très faibles, négligeables et forcément négligées, n'ôteraient rien à la précision et à la certitude des résultats, qui seraient, en réalité, des moyennes prises par nous pour des constantes. Dans les sciences biologiques, la précision rigoureuse est toujours hypothétique, et les résultats sont un peu variables; on sait, enfin, combien, dans l'étude des phénomènes psychiques, il faut compter sur des variations et des contingences.

Si ces vues qui, je le sais, sont partagées par des savants et des philosophes d'une haute valeur, sont l'expression de la vérité, il est permis d'en conclure que ces forces générales de la matière ne sont pas séparées de l'esprit par l'abîme que creuseraient entre elles la présence du déterminisme absolu, d'une part, et l'existence de la liberté, d'autre part. Le fossé n'est donc plus infranchissable, et l'esprit peut avoir retrouvé ces ascendants, encore faibles et modestes, dans ces forces générales de la matière, que le vulgaire peut bien dédaigner, mais devant lesquelles le vrai savant, celui qui tous les jours en mesure le grand pouvoir et la merveilleuse influence, est tenté de s'incliner avec admiration et avec respect.

Je crois donc que l'on peut, avec raison, dire que la vie et l'esprit sont partout, que l'esprit a été et est l'organisateur de la vie, et que tout dans la nature est le fruit et l'œuvre de ces forces supérieures que la main puissante et inépuisable du Créateur y a répandues abondamment pour la réalisation de ses fins.

Le *fiat lux* de la Genèse n'est donc pas seulement la mise en vibration de l'éther; mais c'est l'explosion irrésistible de l'Esprit, projeté dans la création pour en être l'âme vivante.

QUATRIÈME CONFÉRENCE

Théorie biologique de l'art. — Qu'est-ce que la matière ? La matière et l'esprit. La forme et l'esprit. L'œuvre d'art est un organisme vivant. Est-elle capable d'immortalité ? La vie de la statue. La vie du poème et de la mélodie. La vie du tableau et du monument. L'œuvre d'art est une individualité accumulatrice et rayonnante. C'est un organisme dont l'ame est unilatérale. La fin de l'art. L'esthétique indépendante de M. Maurice Pujo.

Avant de poursuivre le développement de mon sujet et d'aborder proprement l'étude des conditions de l'immortalité personnelle, il me semble convenable de présenter quelques développements sur l'une des conséquences des idées que je viens d'exposer. On peut, me paraît-il, en tirer une théorie de l'art digne de quelque intérêt ; et si j'arrête mon esprit et le vôtre sur ce sujet, c'est qu'il n'est certes pas étranger à la question de l'immortalité, puisqu'on traite les chefs-d'œuvre de l'art d'œuvres immortelles, et qu'il convient d'examiner dans quelle mesure et pourquoi cette désignation doit leur être appliquée. Nous recueillerons d'ailleurs, chemin faisant, des notions qui ne seront certes pas inutiles pour notre dessein principal.

Si l'âme de l'artiste n'est, comme toute âme, que l'accumulation, à un certain degré et dans des conditions spéciales, de l'âme des choses, si sa personnalité est due à une organisation particulière du psychique qu'il a reçu du dehors, que peut-on penser du produit de l'activité de ce psychique, de l'œuvre d'art, en un mot? C'est qu'elle est, pour ainsi dire, et réellement, une restitution à la matière sensible d'une partie de ce psychique accumulé et organisé. C'est l'âme des choses rendue aux choses, c'est-à-dire à la matière sensible; mais c'est l'âme condensée et organisée par le centre cérébral dans un sens particulier, dans le sens du beau. Partout dans la nature, dans tout objet, dans tout mouvement, se trouve une part de psychique; mais une part le plus souvent faible, peu manifeste, peu cohérente, d'une organisation inférieure. Dans quelques œuvres naturelles cependant, se révèle d'une manière plus éclatante le psychique directeur et créateur. La grâce répandue dans la fleur, les belles proportions et la majestueuse structure d'un arbre, les grandeurs de l'océan, l'infini de la voûte étoilée, les brillantes couleurs et les formes délicates de l'insecte, les harmonies du corps de l'homme, les manifestations de la vie, sont certes des interprètes éloquents du psychique qui les anime : on sent bien que le divin Créateur y a déposé quelque chose de son souffle.

Les manifestations de l'art sont aussi l'œuvre d'un créateur ; et ce créateur, c'est l'artiste. Ces manifestations ont reçu aussi une part de ce psychique accumulé et organisé dans un sens spécial, qui est le propre de la personnalité artistique. Cette dernière, en effet, est avant tout le résultat d'un accumulateur et d'un organisateur qui semble être spécialement propre à saisir la valeur et la signification des formes, à accumuler les relations harmonieuses, à combiner les proportions heureuses, et à saisir le beau contenu dans les choses. Tout ce qui émane d'harmonieux, de bien proportionné, de gracieusement ordonné, de puissamment expressif, est la proie de cet accumulateur spécial, qui coordonne et adapte, qui organise cet ensemble et en forme un riche dépôt. Le cerveau de l'artiste est comme l'abeille qui va butiner et qui fait sien tout ce qu'elle rencontre de doux et de parfumé dans le calice des fleurs. Elle le mélange à des sucs qu'elle-même a sécrétés ; elle le brasse dans sa gorge, elle en fait une masse homogène et compacte qui n'est plus le suc des fleurs, mais une liqueur suave dont elle est l'artisan. Du nectar épars et disséminé, et qui fût resté peut-être ignoré, elle fait une liqueur qui lui est propre et qui est capable de réjouir le palais des gourmets. Ainsi fait l'artiste ; son cerveau butine ce que renferme de spécialement harmonieux et beau, le psychique général. Mais non seulement il l'accumule, mais il le classe, il le groupe, il l'organise, il fait de cet ensemble confus un groupe bien ordonné et puissant qui constitue son miel. Quand la moisson est suffisante, quand le vase est rempli, c'est alors que l'artiste est prêt pour la création. Le moment de l'inspiration, c'est le moment où le boisseau est plein, où le vase déborde, et où il convient d'en ouvrir les issues pour laisser s'épancher le précieux contenu à flots abondants et pressés. Par l'exécution de son œuvre, l'artiste épanche une partie de son âme, il en répand le trésor, il s'appauvrit, par conséquent ; et, s'il ne prend soin de puiser de nouveau à la grande source de la nature, il déchoit et devient impuissant. Le psychique de l'art est dans la nature ; c'est à l'artiste à l'extraire, à s'en emparer, à l'accumuler et à l'organiser, à en faire son propre bien, et à le déverser ensuite et le fixer sur son œuvre.

L'œuvre d'art, et j'entends par là le chef-d'œuvre d'art, n'est donc pas seulement une manifestation muette et morte, elle n'est pas même seulement une expression et un symbole ; elle est une œuvre vivante ; elle a son âme accumulée et organisée, celle que l'artiste a déposée en elle. L'œuvre d'art, comme toute matière, est une base physique de l'esprit, mais elle est une base physique, une forme de l'esprit, dans ce qu'il renferme surtout de proportions heureuses, d'harmonie, de grâce, de nombre, d'émotion et de beauté. L'artiste, vrai Pygmalion, a fait du marbre, de la combinaison des ondulations sonores, des vibrations lumineuses, de l'harmonie des lignes, de la musique des mots, et de la poésie de la pensée, un véritable être vivant, dont la valeur artistique est proportionnée à la somme et à l'organisation du psychique esthétique qui l'anime.

J'ai dit que l'œuvre d'art, comme toute matière, était une base physique, une forme de l'esprit ; c'est-à-dire que notre notion de l'art repose non pas seulement sur la conception que nous avons du rôle accumulateur et organisateur du centre cérébral, mais sur l'idée que nous nous faisons des relations de l'esprit et de la matière. Nous avons dit ce que c'était que l'esprit. Nous devons chercher ce qu'est la matière ?

A cette question, une réponse complète et tout à fait satisfaisante ne doit pas être attendue de nous. La matière, saisissable quand on la considère comme masse, nous échappe entièrement, glisse entre nos doigts et s'évanouit, dès qu'on veut la serrer de trop près, dès qu'on veut la saisir et l'atteindre dans ses principes constituants, dans ses éléments ultimes. Les atomes, que la science considère comme formant la matière par leur groupement, sont, en réalité, insaisissables : des hommes comme Boscovitch, Faraday, Ampère, Fechner, ont été conduits à se faire d'eux une conception purement dynamique, c'est-à-dire à les considérer purement comme des groupes ou centres de forces. Les expériences de Dolbear (1), sur l'influence des basses températures sur les propriétés physiques de la matière, lui ont démontré que l'énergie chimique décroît avec la température, si bien que l'oxygène et le phosphore, dont l'affinité réciproque est si vive aux températures ordinaires, paraissent incapables de se combiner à 200° au-dessous de zéro. Par contre, les propriétés magnétiques et électriques s'exagèrent à mesure que la température s'abaisse. Aussi, Dolbear considère-t-il comme très probable que les propriétés de la matière qui nous sont familières, dépendent absolument de la température, et que, au zéro absolu (c'est-à-dire, théoriquement, à 273°), il n'y a plus ni solide, ni liquide, ni gaz, et que les propriétés magnétiques et électriques

(1) *Cosmopolitan*, cité dans la *Revue scientifique* du 24 mars 1894.

atteignent leur maximum ; c'est-à-dire, en d'autres mots, que la matière est ramenée à un groupement de tensions dynamiques considérables, et qu'elle n'est plus ce que nous appelons vulgairement matière.

On voit donc combien les physiciens savent peu ce que c'est que la matière.

Voyons ce qu'en pensent quelques philosophes.

Schelling a dit que la matière était de « l'esprit éteint » Spencer a dit : « La matière est une possibilité de sensations ». L'une et l'autre de ces définitions me paraissent renfermer quelque part de vérité.

La matière n'est pas proprement de l'esprit éteint, mais elle est, au fond, la base physique ou la forme de l'esprit, forme plus ou moins brillante, suivant que l'esprit qu'elle révèle, qu'elle représente, est plus ou moins accumulé et organisé.

La matière est une possibilité de sensations, à condition que l'on considère la sensation comme la conscience obscure ou claire de l'introduction, de la pénétration du psychique dans le centre nerveux accumulateur, et de son classement, de son organisation dans le psychique individuel et personnel, sous forme de perception.

Pour moi, qui considère l'esprit comme présent partout, et comme l'ordonnateur de tout dans la nature, je suis disposé à donner de la matière la définition suivante :

La matière est la forme revêtue par l'esprit en vue de réaliser une fin. La matière est de l'esprit devenu sensible en vue de la révélation, de l'accumulation et de l'organisation de l'esprit, en vue de la constitution progressive de l'âme et de la personnalité morale. Supprimez la matière, et l'esprit reste latent, diffus et insaisissable. Par la matière, il se révèle, il s'accumule et s'organise. La matière est donc la forme revêtue par l'esprit en vue de son accumulation et de son organisation.

Il est bien entendu que le mot de matière comprend bien ce que les savants comprennent sous ce nom, c'est-à-dire la masse sensible et les forces qui en sont inséparables.

La forme d'une chose étant non pas seulement la figure, la configuration, la surface limitante, mais tout ce qui en elle la rend susceptible d'être saisie par les sens, tout ce qui, en un mot, la rend sensible, la matière est ce qui rend l'esprit sensible; et, quant à la fin poursuivie, c'est la manifestation de plus en plus éclatante de l'esprit, et son passage progressif de l'état épars et diffus à l'état accumulé et organisé, de telle sorte que l'esprit, perfectionnant sa forme, c'est-à-dire la matière, prépare son propre perfectionnement.

Mais, dira-t-on, si la matière est la forme de

l'esprit, il ne saurait y avoir opposition réelle entre la matière et l'esprit ; et cependant, combien est évidente cette opposition, combien est grande et profonde la démarcation qui les sépare ! D'une part, dans la matière, la forme, la couleur, le poids, etc. ; et, d'autre part, dans l'esprit, rien de semblable.

Ce n'est là, dirons-nous, qu'une opposition apparente et qui n'est que de surface. Beaucoup de physiciens admettent, en effet, aujourd'hui comme probable l'existence de l'éther, c'est-à-dire d'une matière impondérable, invisible, impalpable, et qui est cependant de la matière ; et ne venons-nous pas de voir que, pour quelques-uns d'entre eux, dans certaines conditions de température, la matière peut perdre les propriétés et les états qui nous paraissent en être les caractères essentiels, et cesser d'être ni solide, ni liquide, ni gazeux, c'est-à-dire cesser d'être matérielle, dans le sens usuel du mot ?

Mais, dira-t-on encore, les corps matériels sont susceptibles d'être indéfiniment divisés ; ils sont formés par un assemblage de parties que l'on peut séparer — par la pensée au moins — les unes des autres. Tandis que l'esprit est un et indivisible ; on ne saurait en effet concevoir une fraction d'âme, on ne saurait décomposer une âme en fractions, en parties d'âme. A cela, j'ai déjà répondu en montrant que l'âme était un être complexe et, par conséquent, formée de parties. Mais je tiens à ajouter que les physiciens et les chimistes qui admettent la constitution atomique de la matière, considèrent les atomes comme absolument simples, inaltérables, indestructibles, et physiquement indivisibles.

L'indivisibilité pourrait donc figurer, à la fois, à l'actif de la matière et de l'esprit.

Mais, dira-t-on encore, les procédés de recherche propres à l'étude de la matière ne ressemblent en rien à ceux qui sont applicables aux processus de l'esprit. C'est encore là, tout au moins, une erreur relative, répondrons-nous. On fait aujourd'hui de la psychologie expérimentale dans les laboratoires, comme on y fait de la physiologie expérimentale. On y fait même de la physio-psychologie, comme pour marquer l'impossibilité où l'on se trouve dans bien des cas de tracer la limite entre les deux domaines.

Mais il faut aller plus loin encore, et se demander quelle peut bien être l'opposition radicale à entrevoir entre l'esprit d'une part, et la matière considérée sous forme de corps organisé d'autre part. L'hérédité psychologique, la contagion psychologique, le sommeil psychologique, les maladies psychologiques ne sont-ils pas comparables, et corrélatifs même, à l'hérédité, à la contagion, au sommeil, aux maladies physiologiques? On ne saurait nier ce parallélisme éloquent.

Je répète avec insistance que l'opposition radicale, l'opposition essentielle entre la matière et l'esprit, loin de s'imposer à l'observation la plus pénétrante, semblent de plus en plus s'évanouir; tandis qu'en allant au fond, en creusant, le rapprochement s'éclaire et s'affirme entre ces deux manifestations de l'être.

A un autre point de vue, me dira-t-on encore, au point de vue moral, n'y a-t-il pas dualisme et opposition entre la matière et l'esprit, entre le corps et l'âme, entre l'être charnel, physiologique, et l'être spirituel ou psychologique? Non, répondrai-je avec assurance; il y a là encore une illusion d'optique qu'il convient de dissiper.

Oui, il y a lutte et opposition, il y a antagonisme chez l'être moral, car, en lui, s'élèvent à la fois des sentiments inférieurs qui sont en opposition avec les aspirations élevées. Mais serait-ce à la matière vivante, serait-ce aux influences de la matière que seraient exclusivement dus les premiers, tandis que l'esprit serait la source des seconds? Il y aurait, je pense, grande erreur à le croire.

Les deux champions qui se disputent la direction de la vie de l'être moral ne sont point différents par leurs natures; ils ne représentent que des degrés différents dans l'échelle de l'évolution morale. Mais l'un et l'autre correspondent à un groupement psychique, à une personnalité morale devenue sensible par sa forme matérielle, c'est-à-dire à un groupement formé de l'âme et du corps. L'être moral, dans sa marche ascendante vers la perfection, a traversé des phases dont la valeur s'est haussée progressivement, si bien que les phases antérieures correspondent à des personnalités morales inférieures par rapport aux ultérieures. Dans son activité terrestre, l'être moral est donc le siège d'une lutte qui se livre en lui, entre le souvenir héréditaire des états inférieurs, d'une part, et la tendance évolutive qui l'entraîne vers des états supérieurs, d'autre part. Mais c'est toujours l'être tout entier, c'est toujours l'être spirituel et sa forme terrestre qui sont associés dans la lutte ; et la vie morale ne vaut pas moins ou plus, parce que ce serait le corps qui l'emporterait sur l'esprit, ou l'esprit sur le corps, mais bien parce que la personnalité ancestrale (âme et corps), l'être psychique du passé et sa forme, l'hérédité de l'être bestial en un mot, sont plus ou moins puissants, en face de la personnalité humaine plus élevée et tendant vers le divin. C'est sur la considération de cette lutte entre le passé ancestral et le futur divin que doit être assise la vraie base de la morale évolutioniste. On édifiera sainement, en effet, cette morale, le jour où l'on s'appliquera à distinguer et à séparer soigneusement dans l'homme, les besoins et les désirs qui tendent à le faire rétrograder vers ses ancêtres inférieurs, des aspirations qui le poussent vers l'idéal qui éclaire sa route vers l'avenir. Il y a là une analyse et un départ qui incombent au physiologiste, au psychologue et au moraliste, et desquels on peut attendre des résultats du plus haut intérêt, et une morale évolutionniste à base vraiment scientifique.

Je pense que la chair est innocente des fautes qu'on se plaît à lui reprocher, dans le secret désir d'amnistier l'âme dont on redoute la responsabilité ; et si des sentiments indignes, si la méchanceté, si la sensualité, si la cruauté savent imposer leur volonté, c'est qu'elles ont pour point de départ un être moral dont elles n'ont point été chassées, où elles ont encore conservé leurs positions. Non, il ne faut pas opposer la chair à l'esprit, mais l'âme bestiale, qui représente le passé, à l'âme divine de l'avenir.

L'esprit n'est donc pas si facile à distinguer de la matière que l'on a pu le penser ; et il est certainement plus difficile de séparer la matière de l'esprit que de les réunir dans une brillante et féconde synthèse.

Je causais, il y a peu de temps, avec un physiologiste éminent, sur ces questions de matière et d'esprit, lorsqu'à l'une de mes propositions, mon interlocuteur me répliqua par cette exclamation : « La matière, ah! la matière! Savons-nous ce qu'elle est! C'est quelque chose de si spirituel que la matière!... » Cette expression spontanée et laconique contenait les éléments de la vérité. La matière n'est pas précisément l'esprit, mais elle est la forme de l'esprit. Mais si la matière est la forme de l'esprit, la conformation même de la matière, c'est-à-dire ses diverses apparences, ses différentes constitutions, les modes divers par lesquels elle atteint nos sens, ou, si l'on veut, la conformation de cette forme de l'esprit, doivent nécessairement avoir une importance capitale pour la révélation de l'esprit par la voie de l'accumulation et de l'organisation. Il peut y avoir, en effet, des formes plus ou moins accumulatrices et organisatrices. C'est là un fait qui me paraît résulter clairement de cet autre fait que l'état de la matière qui, dans la nature actuelle à nous connue, représente par excellence et au plus haut degré l'esprit accumulé et systématisé, c'est-à-dire la matière des centres nerveux, n'a point une constitution et une forme indifférentes et variables dans leurs parties essentielles. La forme de l'élément accumulateur et organisateur de l'esprit n'est pas une forme quelconque; et, dans tout le règne animal, là où cet accumulateur nous apparaît comme différencié et affirmé, il a une structure, une disposition, des relations réciproques, qui sont constantes et d'autant plus accentuées et manifestes qu'elles correspondent à un degré plus élevé de l'esprit. Chez les Invertébrés, cette forme est encore plus ou moins rudimentaire et simple; mais chez les Vertébrés par exemple, partout l'élément nerveux, avec sa partie cellulaire, avec son cylindre axe et ses arborisations variqueuses et flexueuses, avec ses branches protoplasmiques en panache, ou arborescentes, partout le neurone indépendant, et n'ayant probablement avec les neurones voisins que des relations de contiguïté et non de continuité, partout, dis-je, cet élément nerveux auquel est dévolu le rôle d'accumulateur, d'organisateur et de véhicule de l'esprit, a des caractères constants et indélébiles. Bien plus, dans les centres nerveux cérébraux parvenus à une organisation supérieure, les parties, les éléments qui paraissent plus directement chargés de l'accumulation et de l'organisation de l'esprit, ont des particularités de forme et de structure qui se retrouvent régulièrement chez les animaux supérieurs, et qui donnent à ces éléments des caractères non douteux de diagnose. Aussi, le D{^{r}} Ramon-y-Cajal, (1) dans ses belles et récentes recherches sur la structure des centres nerveux par la méthode de Golgi,

---

(1) D{^{r}} R. S. Cajal. *Les nouvelles idées sur la structure du système nerveux.* Traduit par le D{^{r}} Azoulay. Paris, 1894.

les a-t-il désignés comme *cellules psychiques*; et dit-il d'elles, que la cellule pyramidale, ou corpuscule psychique, possède des caractères spécifiques qui ne manquent jamais (batraciens, reptiles, oiseaux et mammifères). Parmi ces caractères, on doit noter, dit-il, la présence d'une tige et d'un panache ou ramure protoplasmique, dirigés vers la surface du cerveau, l'existence d'épines collatérales sur ces branches protoplasmiques, et la connexion de toutes ces épines avec un plexus serré de fibrilles nerveuses terminales. Ajoutons encore, pour mieux démontrer le rapport de la forme et de la fonction psychique, que Ramon-y-Cajal fait remarquer qu'à mesure que l'on s'élève dans la série animale, le corpuscule psychique s'agrandit et se complique, en acquérant des ramifications latérales de la tige protoplasmique, du corps cellulaire et du cylindre axe, plus nombreuses, plus étendues, plus volumineuses, si bien qu'il est naturel de considérer cette complication de la forme comme corrélative d'une élévation de la fonction psychique. Par là s'affirme donc, d'une manière encore plus précise, la réalité des relations de la forme et de l'esprit. Mais ces relations s'affirment encore davantage si l'on veut pénétrer dans l'étude des lésions qui accompagnent la folie et les maladies cérébrales. L'examen des cellules psychiques a, en effet, démontré à Golgi que, chez le lapin atteint de la rage, les cellules pyramidales perdent en partie les ramifications de leur panache protoplasmique, qui se raccourcissent et disparaissent, ne laissant subsister que la tige qui les portait Dans toute maladie qui altère l'intelligence, ces lésoins se retrouvent, et plus particulièrement si cette maladie est chronique et a, par conséquent, assez duré pour que les altérations cellulaires aient eu le temps de s'accentuer. Dans la paralysie générale, dans un cas de mélancolie, et dans un cas de *delirium tremens*, M. Azoulay a pu noter ces altérations plus ou moins profondes qui dénotent une relation étroite entre la forme de la cellule psychique et l'esprit (1) ; et j'ajoute, pour compléter l'intérêt et la signification de ces faits, que dans ces cas de lésion de l'intelligence, la forme de la cellule psychique tend à revenir à la forme fœtale, c'est-à-dire à la forme rudimentaire et incomplète qu'elle possédait chez l'embryon et chez les animaux inférieurs, comme si, à mesure que l'intelligence rétrogradait vers ses phases rudimentaires et incohérentes du passé, la forme accumulatrice et organisatrice de l'esprit subissait une marche régressive parrallèle et corrélative.

Mais si la forme extérieure elle-même peut déjà

---

(1) Dr F. Regnault. *Les récentes découvertes sur les recherches psychiques.* (*Le Naturaliste*, 1er février 1895.)

apporter un appui notable à cette démonstration des relations de la forme et de l'esprit, à combien plus forte raison la considération de la forme, dans le sens complet du mot, c'est-à-dire la connaissance de l'architecture intime, de la composition chimique et des mouvements intimes du tissu protoplasmique de la cellule psychique, viendrait-elle jeter certainement une lumière éclatante sur ces relations étroites de la forme et de l'esprit.

La corrélation constante de la forme de la matière et de l'esprit a d'ailleurs été bien reconnue par l'école matérialiste, qui a cru pouvoir en conclure que l'esprit, ou ce que l'on considère comme tel, était le produit de la forme, tandis qu'il est vrai de dire que la forme est la manifestation sensible de l'esprit, que la forme est un mode sensible même de l'esprit.

Si donc la forme matérielle et l'esprit sont si étroitement corrélatifs, quoi d'étonnant que l'artiste puisse fixer une part de son âme dans une forme matérielle et lui donner ainsi une base sensible ? Que si cette forme est telle, qu'elle représente une part suffisante, détachée de cette âme de l'artiste, et une part formée d'un groupement puissant et vibrant d'harmonies, l'œuvre sera vraiment une œuvre d'art, un chef-d'œuvre de l'art ; et elle le sera d'autant plus, que l'émanation psychique aura été plus puissante, mieux organisée, et aura pu par cela même revêtir une forme plus rayonnante.

L'œuvre d'art, en effet, a son rayonnement, et c'est par là qu'elle frappe et qu'elle agit, en éveillant en nous des impressions, des émotions, des mouvements intérieurs, conformes à ceux de l'artiste lui-même au moment où il la créait. L'œuvre d'art a aussi son âme, et cette âme, qu'elle a reçue de l'artiste, peut, comme celle de ce dernier, projeter au dehors des éléments psychiques, éléments d'harmonie, de grâce, de beauté. Autour d'elle, elle rayonne le beau, et ces rayons — qui se diffusent et se fondent dans le psychique universel, tant qu'ils ne sont pas reçus par un cerveau, c'est-à-dire par une autre forme capable de les accumuler et de les faire siens — ces rayons, dis-je, pénètrent au contraire dans la forme cérébrale assez parfaite pour les saisir et pour en faire des éléments constituants de l'âme.

Le cerveau humain représente dans le régime de la vie terrestre l'état le plus parfait de cette forme cérébrale réceptrice des radiations psychiques du beau ; mais il est plus que probable que le cerveau des animaux n'y est pas étranger. Les fleurs, avec leurs formes gracieuses et leurs séduisantes couleurs, sont très probablement (en dehors de l'attraction qu'elles exercent comme sources d'aliments) des objets de prédilection et des lieux de pose préférés par bien des insectes. Et, dans tous les cas, la sélection sexuelle, si répandue et si démontrée dans tout le règne animal, les soins que les mâles de bien des bêtes donnent à leur toilette de noces, les efforts qu'ils font pour rendre leur chant harmonieux, expressif et éloquent, la recherche poussée jusqu'à la coquetterie des poses et des attitudes chez certains animaux, démontrent clairement qu'il y a, en dehors du crâne humain, des centres nerveux capables de recevoir et d'accumuler les émanations psychiques d'un caractère esthétique.

Si l'œuvre d'art rayonne le psychique qui en est la partie essentielle, et dont elle n'est que la forme, — il est évident que le sens d'une œuvre d'art, que sa signification, c'est-à-dire que les rayons psychiques qui en émanent, seront d'autant plus intenses, précis et éloquents, que l'œuvre aura été l'émanation d'une âme dans laquelle le beau accumulé aura reçu une cohésion et une organisation plus parfaites. Plus l'âme de l'artiste aura été pétrie de clarté et d'harmonie, plus claire et plus brillante sera aussi son œuvre.

Mais, si l'œuvre d'art n'est que la forme donnée par l'artiste à cette partie de son âme qu'il a déposée en elle, si, d'autre part, il est vrai qu'il y ait une corrélation étroite entre la forme et l'esprit, il est juste de penser que l'esprit déposé dans l'œuvre d'art, que l'âme qu'il y a en elle en est inséparable, car si la forme n'est que la manifestation de l'esprit, l'esprit sera toujours le compagnon fidèle de la forme. Pour que l'esprit disparût, il faudrait que la forme disparût aussi, c'est-à-dire que la forme ne fût plus la forme, c'est-à-dire que l'œuvre d'art ne fût plus œuvre d'art.

Mais, si l'œuvre d'art rayonne l'esprit, si d'elle émanent des rayons du beau, comment comprendre que l'œuvre d'art ne soit pas bientôt appauvrie et épuisée, et que, perdant rapidement son âme, elle ne perde en même temps sa forme, et ne cesse ainsi rapidement d'être une œuvre d'art ?

L'œuvre d'art n'est pas douée d'une immortalité absolue, quoiqu'on la qualifie souvent d'immortelle. Mais l'œuvre d'art peut être douée d'une longévité potentielle considérable. Si un accident, si une violence voulue ou accidentelle ne vient la détruire et lui donner une fin prématurée, l'œuvre d'art peut persister longuement. Aussi, le langage ordinaire la qualifie-t-il d'immortelle. Mais, même livrée à elle-même, elle est appelée à se désagréger et à périr. Elle appartient à cette forme de l'esprit qui n'a pas encore acquis le pouvoir énergique d'amorce et de rajeunissement, qui est le caractère essentiel du plasma. La désagrégation atteint donc l'œuvre d'art et la fait disparaître comme telle. La statue devient bloc informe, le tableau se décolore, le monument tombe en ruines, le poème s'efface et s'oublie, la symphonie se tait, sa représentation graphique et symbolique se détruit, elle reste ignorée et perdue. C'est la destruction et la mort.

Que s'est-il passé là ? Rien de bien extraordinaire ! me dira-t-on. C'est là le résultat de la désagrégation de la matière et de la fuite et destruction de toutes choses : c'est là une loi générale. La matière brute est attaquée par les agents du milieu, par la chaleur, par le froid, l'humidité, la sécheresse, les éléments de l'air, etc., etc. L'œuvre d'art, qui est matière, obéit aux lois de la matière ; et rien de plus.

Cela n'est pas tout à fait exact, car il y a ici quelque chose de plus; un exemple nous le fera mieux comprendre :

Un bloc de marbre informe se désagrège progressivement sous l'influence des causes ci-dessus nommées. Il est une forme du psychique diffus dans la nature, du psychique universel, forme du reste d'un psychique inférieur et faible, puisque le bloc de marbre n'a en lui qu'une vie sourde et rudimentaire, et que sa forme n'est pas une forme proprement accumulatrice et organisatrice.

La destruction qui le frappe comme désagrégation de la matière, n'est au fond qu'une destruction de la forme, correspondant à une dispersion lente et à peine sensible du psychique. Le psychique qu'il revêtait et dont il manifestait le groupement faiblement cohérent, rentre progressivement et très lentement dans le psychique universel. Pendant tout le cours de cette démolition lente mais progressive, le rayonnement psychique de ce bloc de marbre ne subit que de très faibles changements de nature et d'intensité. C'est toujours du psychique faible et diffus qui s'échappe de lui, et qui, ne se renouvelant pas, finit par se disperser avec la forme qui le manifestait.

Il en est tout autrement dans la désagrégation et la destruction de l'œuvre d'art, d'une statue, par exemple. Tant que sa forme n'a pas changé d'une manière trop sensible, elle est une âme accumulée et organisée, une individualité de laquelle émanent des rayons puissants d'un psychique esthétique ; et plus la forme subsiste intacte, plus grand est le rayonnement. Mais à mesure que la forme s'altère, à mesure aussi le rayonnement s'affaiblit ; non seulement il s'affaiblit, mais il change de nature. Il devient de moins en moins esthétique ; de moins en moins il est capable de frapper les centres nerveux accumulateurs et d'y déposer du beau ; de plus en plus il se rapproche du psychique faible et diffus, de celui qui n'est encore que sourd et rudimentaire. Cette belle statue enfin, dépouillée de sa forme, a perdu son individualité et n'est plus qu'un bloc informe semblable au précédent et revêtu, comme lui, de la forme quasi muette du psychique diffus.

Il y a donc entre la désagrégation lente du bloc informe et celle de la statue, une différence considérable. Le premier parle toujours aux centres nerveux accumulateurs un langage rudimentaire et peu compréhensif. Le second, — d'abord d'une éloquence vive, d'une parole abondante et significative, pleine de sens, d'harmonie et de beauté, — remplace peu à peu cette voix vibrante, chaude et éloquente d'une individualité relativement organisée, par le balbutiement sourd et peu significatif qui s'échappait du bloc informe et fruste.

Il y a donc là des effets bien différents et qui peuvent, jusqu'à un certain point, être expliqués. Le bloc informe laisse échapper du psychique diffus et sans cohésion; mais il ne perd pas une âme organisée, puisqu'il ne la possédait pas; il n'y a là qu'une désagrégation silencieuse; la statue qui se détruit, exhale son âme, celle que l'artiste lui a donnée; il y a là une agonie.

Peut-être même, quoique le fait soit d'une démonstration bien difficile et bien délicate, — peut-être, dis-je, y a-t-il dans l'œuvre d'art plus de résistance réelle à la destruction, à la sénilité, à la mort naturelle, dirai-je, que dans la matière informe de même nature qu'elle. La durée étonnante et la perpétuité colossale de certaines œuvres d'art que n'ont pas directement détruites la main de l'homme ou les causes accidentelles, sont susceptibles de nous donner à réfléchir sur ce point, particulièrement piquant, d'esthétique, dont je proposerai plus loin une explication.

La symphonie, le chef-d'œuvre musical, n'est, aussi, qu'une part de l'œuvre de l'artiste, sous la forme d'une masse de matière animée de vibrations sonores géométriquement et harmonieusement combinées. Conservée à la mémoire par des signes symboliques, qui constituent l'écriture musicale, elle ne se révèle comme puissance rayonnante, que quand l'exécutant la réveille de son sommeil, dans lequel elle retombe avec le silence. On peut en dire autant du poème, qui n'est, au fond, qu'une symphonie articulée et bien définie, où les émotions, estompées et vagues de la symphonie, se précisent et se burinent. Le poème est une symphonie ou une mélodie qui ne saurait avoir d'autre orchestre que la parole humaine avec ses sonorités, ses inflexions et ses articulations Quand ce merveilleux instrument se tait, le poème rentre dans le silence de la mort.

La symphonie et le poème sont donc des âmes résultant d'une accumulation et d'une organisation de psychique esthétique ayant pour forme ou organisme vivant et sensible la matière aérienne, mais la matière aérienne vibrante. Quand cesse la vibration, cessent aussi les manifestations de vie. L'air vibrant est leur organisme. Supprimez l'atmosphère, et il n'y a plus ni poème, ni symphonie.

Cette alternative de mort, c'est-à-dire de vie sourde et de vie active de la symphonie et du poème, pourra sembler, au premier abord, un obstacle sérieux à la conception des œuvres d'art comme organismes vivants. Mais la difficulté n'est qu'apparente. Nous connaissons, en effet, dans le monde vivant, des organismes chez lesquels ces alternatives de vie et de mort sont incontestables et incontestées : on les appelle des animaux ou des plantes reviviscents, ou même ressuscitants. Doués des manifestations brillantes de la vie, dans les conditions normales de leur existence, ils perdent toute manifestation vitale quand ils sont profondément et complètement desséchés, ou quand leur température a été grandement abaissée. Mais rendez-leur de l'eau, ou relevez leur température, et la vie reparaît avec toutes ses manifestations. Une nouvelle dessication ou une nouvelle congélation ramènent le silence de la vie ; une nouvelle humectation, ou un nouveau réchauffement font reparaître l'activité vitale ; et ainsi de suite pendant une période de temps plus ou moins longue.

Ces êtres reviviscents nous fournissent une image assez fidèle de la vie de la symphonie et du poème. Représentés sous forme de symboles écrits ou signes conventionnels, ils sont silencieux et sans vie apparente; mais dès que les vibrations leur sont données par l'exécutant ou par la parole de l'artiste, la symphonie et le poème acquièrent la vie brillante et animée, et leur rayonnement se déploie.

Mais il se produit, en outre, chez eux un phénomène d'un autre ordre, sur lequel il convient d'insister. Le propre de tout être vivant, c'est d'être non seulement un centre de rayonnement et d'expression, mais c'est d'être aussi un centre récepteur, c'est-à-dire un centre d'accumulation et d'organisation. Comme tout être vivant, l'œuvre d'art rayonne, sans doute ; d'elle s'échappent des influences, des émanations d'autant plus puissantes que l'œuvre d'art est plus parfaite. Mais l'œuvre d'art a reçu de l'artiste non seulement une âme qui rayonne, mais aussi une forme accumulatrice et organisatrice. Elle est capable d'accumuler en elle les éléments émotionnels, les éléments psychiques de grâce, d'harmonie, de rythme, qui sont répandus dans le milieu où se déploie son activité.

Aussi, la symphonie vibrante accumule-t-elle et fait-elle entrer dans la composition de sa puissance

9

esthétique tout ce que représentent de psychique, les mouvements harmonieux et cadencés de la matière qui se trouve contenue dans l'aire de son influence. Aussi convient-il, pour que l'œuvre symphonique acquière toute sa puissance et devienne une source intense de rayonnement, que le milieu où elle résonne soit un milieu convenablement sonore, c'est-à-dire tel que les vibrations générales dont il peut être le lieu soient dans des conditions aussi parfaites que possible d'heureuses proportions et d'harmonie. La symphonie la plus remarquable ne produira qu'un rayonnement médiocre, si elle est exécutée dans un vaisseau d'une construction vicieuse, sans relations heureuses avec les ondes sonores combinées, et dont l'acoustique défectueuse ne lui permet pas de recevoir et d'accumuler en elle les harmonies qui tirent leur origine du milieu. Mais, en outre, l'exécutant lui-même prête aussi à la symphonie une partie de son âme, qu'il fait pénétrer dans l'œuvre harmonique, pour en accroître la vie et le rayonnement; et les auditeurs eux-mêmes, touchés et vibrants, lui rendent une partie de l'émotion qu'ils éprouvent. Une œuvre médiocre ne saurait jouir de cette puissance accumulatrice.

La sonorité, les vibrations sonores, sont donc, pour la forme symphonique du psychique, ce qu'est l'eau ou la chaleur pour la forme biologique du psychique. Elles y ramènent les manifestations de la vie et, tout spécialement, le pouvoir rayonnant et la puissance accumulatrice du psychique esthétique. Pour le poème, le timbre de la voix, les qualités de la diction, l'accent, les inflexions vocales, l'expression donnée aux syllabes composantes, la sonorité du vaisseau, les lignes et les dispositions du milieu, la valeur du décor, le costume de l'acteur, et les jeux même de la lumière, constituent des sources d'esthétique où le poème puise largement des éléments de puissance.

La symphonie et le poème sont donc des organismes reviviscents. Ils peuvent passer successivement de la vie à la mort, et de la mort à la vie. Mais il y a autre chose encore. Entre ces deux termes extrêmes, entre la vie toute vibrante et l'immobilité de la mort, il peut y avoir, pour eux, des phases de vie intime avec silence relatif et immobilité apparente, qui ne sont pas sans trouver des analogues dans certains états de la vie physiologique.

Le poème et la symphonie peuvent être représentés et conservés pour la mémoire, sous une forme graphique, sous une forme symbolique conventionnelle. Mais il faudrait bien se garder de prendre cette écriture, cette représentation graphique et sensible pour le corps, pour la forme organique de l'œuvre d'art. L'organisme sensible, c'est la matière aérienne vibrante avec ses formes infiniment variées et complexes. Si la lecture silencieuse du poème ou de la symphonie, si la simple contemplation de sa représentation graphique éveillent, dans l'âme du lecteur, des émotions esthétiques, ce n'est certes pas de ces signes conventionnels, et par eux-mêmes sans vie, que s'échappent ces rayons psychiques qui vont toucher l'âme de l'esthète. Si ce dernier est remué et troublé, il le doit à ce qu'il entend dans l'intimité de son être les vibrations de ce que l'on a si bien nommé la parole intérieure, et de ce que nous nommerons également le chant intérieur, la mélodie, la symphonie intérieure. Ces vibrations, faibles, limitées aux espaces buccaux et pharyngiens, et latentes pour tout autre que le lecteur, n'en sont pas moins une réalité, capable d'atteindre son âme, et son âme seule. Elles contribuent à former et à délimiter un organisme dont la vie interne peut être très puissante, mais qui reste circonscrite à lui-même dans ses manifestations. Tel est l'œuf, la graine se développant, tel est le protozoaire enkysté, tel est la phase de larve immobile ou de nymphe, qui précède la phase animée et mobile de l'animal parfait.

Cette vie, silencieuse en apparence, du poème et de la symphonie, vie cachée dans l'intimité du lecteur, a, d'ailleurs, été, le plus souvent, la forme initiale de leur vie, celle sous laquelle l'artiste créateur les a conçues et mises au monde. Le poète, obéissant au lyrisme de son émotion, le musicien, poussé par l'harmonie de son psychique, ont entendu eux-mêmes cette voix intérieure, ce chant intérieur, « soupirs nés, selon le mot du poète, de l'air qu'ils respirent » ; et c'est cette forme vivante, cachée dans le sein fécond de leur être, « mystère ignoré de la foule » qu'ils ont d'abord donnée à l'œuvre d'art.

Les signes écrits ne sont donc pas la forme du poème. Ils n'en sont pas même le cadavre desséché. Ce dernier est, en réalité, représenté par la part d'atmosphère appelée à vibrer, et que les ondulations sonores rappelleront à la vie. Le poème et la symphonie sont, comme l'oiseau, du domaine de l'air. Dans l'air flotte leur âme, âme détachée de l'âme de l'artiste, et d'une portion quelconque de cet air peut naître un organisme vivant qui la révèle et lui donne l'éclat de la vie. Cet organisme, inanimé et indécis tant que l'air est immobile, se précise et se définit avec la vibration. Il suffit, pour cela, qu'un mouvement bien conçu et voulu de la matière, qu'un mécanisme approprié imprime au milieu aérien les vibrations de la vie qui lui correspondent. Les instruments musicaux, inertes ou vivants, l'écriture représentative, ne sont que les parties de ce mécanisme, parties aussi étrangères à l'organisme vivant de l'œuvre d'art que l'est, par rapport à l'œuf, la couveuse qui le réchauffe, ou, pour le rotifère reviviscent, la pipette qui lui donne la goutte d'eau vivifiante.

Et, d'ailleurs, ne peut-on pas étendre cette comparaison aux autres manifestations de l'art? Celles qui rayonnent leur psychique dans l'accumulateur cérébral, par le canal du nerf optique, n'ont-elles pas besoin de la lumière pour projeter leurs radiations? Le tableau, la statue, le monument d'architecture rentrent dans la vie silencieuse et sourde dès que la lumière leur est refusée; leur vie s'atténue et devient latente, dès qu'ils ne sont plus illuminés; les vibrations de l'éther lumineux sont pour eux ce que sont pour la symphonie et le poème, les vibrations sonores du milieu aérien, ce que sont l'eau et le calorique pour les êtres reviviscents.

Mais, si la lumière permet à l'œuvre d'art picturale ou sculpturale de rayonner son psychique au dehors, elle devient aussi pour elle une occasion de recevoir et d'accumuler le rayonnement esthétique de ce qui l'environne. Aussi, n'est-il pas indifférent de placer une de ces œuvres d'art dans un milieu quelconque. Un tableau, une statue, pour devenir aussi puissants que possible, pour acquérir toute l'intensité de rayonnement dont ils sont capables, doivent être placés dans des conditions de lumière spéciales, et être entourés de tons appropriés. L'encadrement lui-même du tableau, la couleur, l'aspect des parois murales, la direction et la quantité de la lumière, la nature, la nuance et la disposition des tentures, le voisinage d'œuvres artistiques de même nature ou de nature différente, l'influence même du temps écoulé, qui, souvent, estompe et harmonise les formes et les couleurs, exercent sur la puissance d'une œuvre d'art une influence incontestable. Enfin, l'âme même du spectateur, l'âme émue de celui qui contemple l'œuvre artistique, y ajoute, par son rayonnement, un accroissement notable de puissance. Il y a donc, entre le spectateur et l'œuvre d'art picturale ou sculpturale, un échange de rayonnement psychique qui réagit sur l'un et sur l'autre.

On peut, certes, en dire autant d'une œuvre d'architecture. Elle a aussi besoin, pour atteindre son summum de puissance rayonnante, de recevoir de ce qui l'entoure, de son cadre aérien et lumineux, de sa situation locale, des masses de verdure, des autres monuments qui l'accompagnent, des puissances nouvelles de rayonnement. Tel monument, dont l'éloquence s'affirme sous un ciel lumineux, devient muet dans les brumes du Nord et sous un ciel gris et nuageux. Tel édifice, qui doit être isolé sur un sommet, où il émet des rayons de grâce, ou de force, ou d'élan, ou de triomphe, ne saurait, situé dans un lieu déclive, ou perdu dans un ensemble confus d'autres édifices, parler que de lourdeur, d'écrasement ou d'indifférence, etc.

Ainsi donc, comme le cerveau, l'œuvre d'art est un organisme vivant, qui emprunte à la nature ambiante, au milieu, la puissance psychique esthétique qu'elle rayonne autour d'elle. Elle est aussi un accumulateur et organisateur de psychique, et c'est à cette faculté qu'elle doit de vivre sans s'épuiser, malgré son puissant rayonnement.

Je ne me dissimule point que ces considérations pourront surprendre, et que beaucoup, peut-être, y verront le résultat d'une illusion. Si la symphonie, dira-t-on, gagne à être exécutée dans un milieu dont l'acoustique est heureuse, il n'y a certes rien là de psychique. C'est là un phénomène purement physique et qui tient à ce que les proportions et la disposition du milieu permettent aux vibrations sonores de se propager et de se marier heureusement. C'est un phénomène qui tient encore à ce qu'il y a relation heureuse et convenable entre les vibrations instrumentales et les vibrations dont sont susceptibles la masse d'air contenue et les parois de l'édifice.

De même, ajoutera-t-on, si les objets dont une peinture est entourée, si la place donnée à une statue ou les tentures qui l'entourent, si la situation et le cadre d'un édifice, contribuent à accroître heureusement leur effet artistique, cela tient simplement soit aux relations de certaines lignes ou de certaines nuances, aux contrastes, aux jeux de lumière, etc., etc., qui mettent en relief les qualités artistiques du tableau ou de la statue. Il ne s'agit encore là que de phénomènes d'ordre purement physique, agissant sur nos sens et aiguisant les sensations.

C'est là, pensé-je, une manière superficielle et courante d'envisager les choses. Demandons-nous ce que sont au fond ces proportions, ces relations entre les nuances, entre les couleurs, les vibrations lumineuses, les vibrations sonores; demandons-nous ce que sont les contrastes et les oppositions, les adaptations et les harmonies. Tout cela ne réside-t-il pas essentiellement dans des rapports géométriques, dans des relations harmoniques, dans des combinaisons savantes, et parfois si subtiles que nous en subissons l'influence sans pouvoir les analyser. En quoi consiste l'harmonie, ou la discordance, l'accord ou l'opposition, le contraste et l'association, quand il s'agit des phénomènes qui frappent nos sens et qui suscitent en nous des impressions d'une signification spéciale? Savons-nous pourquoi telle association, telle relation de lignes, de sons ou de couleurs, éveillent en nous des sentiments agréables ou désagréables, des impulsions attractives ou répulsives, une exaltation ou un affaissement? La cause de ces effets serait-elle de nature entièrement physique, dans le sens ordinaire de ce mot? S'agirait-il de l'effet produit sur notre être psychique par la constatation d'une relation purement formelle entre diverses portions de la matière conçue comme indépendante de l'esprit? Avant d'accepter une telle opinion, il conviendrait d'expliquer comment la matière (conçue comme ci-dessus) peut produire des émotions et des mouvements de l'esprit. Nous savons si cette explication nous a été donnée, et si l'influence de cette matière dépourvue d'esprit sur l'esprit est de facile compréhension. Il faudrait encore nous dire pourquoi le simple énoncé, la pure formule proprement dite de ces relations réciproques des portions de la matière, ne parvient point à produire en nous l'effet esthétique puissant, l'émotion vive qui résultent de la pénétration en nous de ces mouvements supposés purement matériels eux-mêmes? La lecture du rapport géométrique qui existe entre le nombre des vibrations de deux sons musicaux, ne saurait produire en nous l'effet résultant de l'audition simultanée de ces deux sons, à moins que notre imagination et notre mémoire n'y ajoutent l'élément mental capable de donner naissance à l'émotion. Un physicien aurait beau placer devant nous l'amoncèlement des formules capables de représenter la combinaison des ondulations sonores qui composent le total de la symphonie pastorale, il ne saurait faire tressaillir notre être psychique d'émotions champêtres et de profonde allégresse. La vue de ces formules, comme formules, et à l'exclusion de tout élément mental, ne saurait nous transporter dans l'air serein et vivifiant de la campagne, au milieu des champs et des bois, sur les eaux palpitantes, et en présence des horizons que sillonne l'éclair ou qu'illumine après l'orage, un soleil resplendissant.

Les formules ne constituent qu'un mécanisme, tandis que les relations d'où résulte le rayonnement esthétique sont de nature essentiellement mentale; ces relations matérielles ou physiques, qui paraissent en être les causes palpables, ne sont, au fond, que le revêtement, que la forme des relations mentales. Ces rapports de l'œuvre d'art avec le cadre, avec le milieu où elle est placée, sont, au fond, la source de relations d'ordre mental, l'œuvre d'art projetant dans son milieu les rayons de son âme harmonieuse, et recevant, accumulant, à son tour et au profit de la puissance de son effet esthétique, les rayons du mental harmonisé des objets qui l'entourent comme autant de planètes, dont les mouvements et les orbites sont, avec elle, dans des relations réglées par une merveilleuse raison.

Il y a donc, dans les relations de l'œuvre d'art avec son milieu, une base mentale, un double rayonnement psychique, qui se traduit par un rapport heureux ou malheureux, capable d'accroître ou d'affaiblir la puissance de l'œuvre d'art. Dans cet échange, en effet, l'œuvre d'art, œuvre vivante, douée d'un puissant pouvoir accumulateur et organisateur, rassemble sur elle, s'approprie les rayons lumineux du milieu ; et c'est grâce à cette mathématique ou mieux à cette logique de l'art, à ce mental inconscient qui préside aux échanges établis entre l'œuvre d'art et son cadre, c'est, dis-je, à ce rapport de nature mentale qu'il faut réellement attribuer l'effet du cadre qui enveloppe et complète l'œuvre d'art.

Mais la symphonie et le poème, comme la statue, vieillissent ; ils s'usent, leur expression symbolique s'altère et s'affaiblit par l'effet du temps ; la mémoire de l'homme en perd le souvenir ; et bientôt l'œuvre est anéantie et détruite, et le psychique intense qu'elle était capable de rayonner est remplacé par un psychique faible et diffus qui se dilue bientôt, avec la forme, dans le psychique universel.

Ainsi, la musique d'autrefois, les chœurs des fêtes et des tragédies antiques, ont-ils disparu, ne laissant que des traces rares ou indiscernables, — et leur âme est-elle rentrée dans le psychique général.

Mais tant qu'elle a vécu comme œuvre d'art, chaque fois qu'elle a été revivifiée par les vibrations de la matière et par les ondulations de l'air, elle a pu être, à son tour, un accumulateur de psychique, rayonnant ensuite vivement sur l'accumulateur cérébral. Il y a donc dans l'œuvre d'art, comme dans le cerveau, un pouvoir de restauration psychique, et l'œuvre d'art est aussi, à son tour, une individualité accumulatrice. Elle a reçu de l'accumulateur cérébral de l'artiste une âme dont elle est la forme, mais cette forme participe, dans une certaine mesure, du pouvoir accumulateur de la forme cérébrale, de même que l'âme de l'œuvre d'art est une part de l'âme de l'artiste.

L'œuvre d'art est donc une part émanée de l'âme de l'artiste, et qui, comme cette dernière, a une forme qui lui est corrélative. L'œuvre d'art est un organisme vivant dont l'artiste est le créateur, c'est-à-dire le poète (en donnant à ce mot son sens étymologique). Mais ce qui distingue l'œuvre d'art des organismes vivants proprement dits, c'est que son âme ne représente qu'une face de l'esprit, la face du beau et de l'harmonie. Cette âme n'est pas un groupement psychique qui, à la fois, pense, sent et veut ; elle n'est pas une force qui raisonne, qui juge, une force qui veut ; elle est un groupement harmonieux d'éléments psychiques émotionnels dont le sens est circonscrit et limité. L'âme de l'œuvre d'art n'est donc pas une âme complète : elle n'est, pour ainsi dire, qu'un secteur limité de l'âme de l'artiste ; c'est une âme à une seule face, une âme unilatérale, dirais-je. Aussi répond-elle toujours imparfaitement à l'idéal rêvé par l'artiste, car cet idéal participe de toutes les énergies de son âme.

L'âme de l'œuvre d'art est une âme spéciale, d'une composition circonscrite et particulière. C'est une portion seulement, et une portion déterminée de l'âme des choses recueillie par l'artiste et rendue par lui aux choses. Cette âme particulière, l'artiste la dépose dans une forme particulière ; et la capacité de trouver et de créer cette forme constitue précisément le propre du génie créateur artistique et le distingue profondément des natures qui, n'étant que sensibles et distinguées, sont frappées de stérilité. Si l'œuvre d'art est un organisme vivant, il l'est donc, à des titres spéciaux, avec des qualités particulières. Son âme est une âme dont l'orientation est définitivement fixée, et qui ne peut représenter qu'un groupe déterminé et circonscrit de mouvements psychiques. A cette âme, limitée et cantonnée — pour ainsi dire — quant à la nature de ces éléments constitutifs, il a suffi d'une forme matérielle, à vie sourde et lente, revêtue d'une configuration révélatrice. Les organismes vivants qui revêtent une âme possédant toute les faces de l'esprit, révèlent cet esprit, à la fois par la vie intense de l'intérieur et par la configuration externe. Cette différence, quoique importante, ne saurait enlever à l'œuvre d'art sa qualité et sa dignité d'organisme vivant; elle n'a pour effet que d'en modifier la notion. Elle en fait un organisme animé, dont l'élément psychique, ayant une orientation déterminée, constante, fixée et tout émotionnelle, a été revêtue par l'artiste, d'un corps matériel à vie lente et sourde. L'œuvre d'art est donc, par cela même, un organisme qui diffère des autres organismes. Mais s'il en diffère à certains égards, à d'autres égards que de ressemblances!

J'ai parlé de l'œuvre d'art comme d'une âme unilatérale et à orientation déterminée, revêtue d'une forme matérielle qui constitue son organisme. Mais dans cet organisme comme dans l'organisme des êtres vivants, il faut entendre que la forme ne se circonscrit pas à la limitation de la surface. L'influence et l'importance de la forme résident également ici non-seulement dans la configuration extérieure, mais dans la structure spéciale de la matière, dans son architecture intime, dans sa constitution physique ou chimique. Il n'est certes pas indifférent, en effet, qu'une statue soit en pierre grossière, en grès ou en marbre, à cristaux plus ou moins fins, ou en albâtre, ou en bronze, ou en or, ou en argent, ou en argile, etc. Chacune de ces matières paraît avoir, avec le sens de l'œuvre d'art, avec son esprit, avec sa puissance accumulatrice et rayonnante, une relation très considérable. Telle âme de statue composée d'éléments psychiques de grandeur, de force, de puissance, d'énergie, de violence, sera ridiculement amoindrie, affaiblie, paralysée, si elle est revêtue d'une matière délicate ou brillante, ou transparente, qui, comme l'albâtre, ou le cristal, ou le marbre fin, ou l'or ou l'argent polis, conviennent mieux au revêtement d'une âme faite de grâce, de délicatesse et d'élégance. Le granit, le bronze, le marbre grossier seront certainement plus aptes à recevoir une âme forte et énergique, à accumuler, pour la renouveler et la maintenir, des éléments psychiques diffus de force, d'énergie, de résistance, de grandeur, qui se trouvent dans le milieu. Une âme douce et mélancolique, une âme faite de grâce et de paisible harmonie devra demander sa forme à une matière délicate et fine, capable d'accumuler et de rayonner des éléments du psychique diffus, conformes à son orientation spéciale. Le monument exige aussi, pour conserver à son âme toute sa puissance expressive et le sens propre de son orientation, un choix judicieux de matériaux. Une œuvre grandiose, un monument colossal, une pyramide d'Égypte, un imposant mausolée, s'accommoderaient mal, d'un ensemble de pierres délicates, fines et polies qui mêleraient à des rayons de grandeur, des rayons de grâce efféminée ou de délicate sensibilité.

L'œuvre d'art graphique demande aussi que la matière qui lui sert d'organisme soit appropriée au sens du langage qu'elle veut parler. C'est tantôt la couleur, tantôt le clair-obscur, tantôt la ligne noire plus ou moins grasse, tantôt la ligne serrée et pénétrante du burin, tantôt l'empâtement de la couleur à l'huile, tantôt les lames minces et transparentes de l'aquarelle, tantôt les grains colorés et moelleux du pastel, etc., qui conviennent à telle ou telle âme de l'œuvre d'art picturale.

Et pour la symphonie, pour le poème, est-il indifférent que les vibrations aériennes, que les ondulations sonores revêtent, selon l'âme de la symphonie, telle ou telle forme intime, telle ou telle structure particulière? Faudra-t-il confier une âme faite d'émotions douces et pénétrantes aux vibrations éclatantes de la trompe bruyante et criarde? et une âme faite d'indignation ou d'emportement aux sons modestes et langoureux de la flûte ou du hautbois? Une voix grêle, douce et mélodieuse donnera-t-elle au poème de la colère et de l'horreur la forme vibrante qui lui convient? et faudra-t-il confier à une voix rude et ronflante le soin de revêtir la tendre idylle ou la triste élégie? A toutes ces questions, la réponse est facile; et cette réponse, l'artiste, le vrai artiste, l'artiste créateur, y répond sûrement en donnant sûrement à l'âme de son œuvre, un organisme approprié non seulement comme configuration superficielle, mais aussi comme conformation intérieure et comme structure moléculaire.

Pour l'organisme de l'œuvre d'art, on peut donc dire ce que nous avons dit de l'organisme de l'être vivant : c'est que la forme de matière qui convient à son âme se trouve dans des relations étroites avec cette âme, c'est-à-dire avec l'esprit accumulé et organisé, non seulement quant à la conformation de surface, quant à la forme extérieure, mais aussi quant à la forme intérieure, c'est-à-dire quant à l'architecture intime et à la structure interne. On voit donc jusqu'où va cette assimilation de l'œuvre d'art et de l'être vivant proprement dit, quant aux relations de la forme et de l'esprit.

Ainsi donc, l'artiste crée l'œuvre d'art, en ce sens qu'il en rassemble et organise les éléments : il a reçu, sous ce rapport, une délégation divine. C'est bien le *divus* des anciens. Mais puisque le psychique esthétique répandu dans la nature n'est, au fond, que l'une des meilleures parties du psychique que le Créateur y a déposé, c'est être logique que de dire qu'en accumulant et organisant le psychique esthétique épars dans la nature, sous une forme qui en accroisse la puissance et le rayonnement, l'art aboutit logiquement à la révélation et à la glorification de l'Auteur de la nature ; et que la révélation de Dieu par le beau est la fonction suprême de l'art, de même que la fonction suprême de la science est la révélation de Dieu par le vrai, et la fin de la vertu, la révélation de Dieu par le juste et par le bien. L'art est la manifestation de Dieu par la splendeur de l'esprit.

Dans un livre récent, animé d'un souffle généreux de relèvement et d'activité, et qui a paru après que les lignes qui précèdent avaient été écrites et prononcées dans une autre enceinte, M. Maurice Pujo, — s'efforçant de chercher, dans l'analyse du sujet sentant, de l'émotion esthétique elle-même, des éléments irréductibles pouvant déterminer l'essence du beau et les conditions où il se produit, — repousse toute assimilation de l'art avec la vie. « L'émotion de vie, dit il, est attachée
« à la matière ; l'émanation esthétique n'est telle
« que parce qu'elle s'est libérée de sa matière pri-
« mitive. Elle est une réminiscence purement
« affective d'un état de conscience antérieur, c'est-
« à-dire d'une émotion de vie antérieure dont elle
« s'est détachée et dont elle est devenue indépen-
« dante. Elle se trouve, alors, émotion pure et
« force pure, qui retourne à une matière nouvelle
« (l'œuvre d'art) pour la dominer, pour tout lui
« donner, et pour la modifier selon cette harmonie

« purement affective et subjective qui est la sienne.
« La matière, pour l'émotion esthétique, n'est plus
« sa réalité, mais son symbole. L'art a donc pour
« nature et méthode le symbolisme intégral et
« universel. »

Cette théorie de l'émotion esthétique et de l'art qui en est l'émanation, tend à faire de l'émotion esthétique quelque chose de purement subjectif, puisqu'elle n'admet l'émotion esthétique qu'alors que l'objet s'est effacé et a disparu. A cet égard, elle me paraît en contradiction avec l'expérience. Si, en effet, certains aspects de la nature, si certains spectacles de la vie se rencontrent en nous avec une émotion esthétique correspondante, ce n'est certes pas toujours, ainsi que le pense M. Pujo, parce que nous les esthétisons en leur prêtant notre émotion ; mais bien souvent, au contraire, la nature et la vie, qui sont cependant présentes et qui produisent en nous une émotion de vie, sont, elles-mêmes et en même temps, le lieu d'origine et les facteurs d'une émotion esthétique.

La théorie de l'esthétique indépendante de M. Pujo ne renferme qu'une portion de la vérité et a besoin d'être complétée. Elle vise à un subjectivisme absolu, qui n'est pas dans la réalité ; et son erreur vient d'une conception incomplète, à mon sens, des relations de la matière (c'est-à-dire de ce qui n'est que la forme) avec la vie et l'esprit.

L'émotion esthétique a plusieurs sources, plusieurs moments.

L'âme de l'artiste éprouve une première émotion quand, mise en présence d'une forme de la vie riche elle-même en éléments psychiques, esthétiques et émotionnels, elle les accumule et les organise pour constituer l'âme de l'œuvre future. C'est là l'émotion de la fécondation et de la conception.

A cette première émotion esthétique succède l'émotion de l'enfantement ; c'est l'émotion éprouvée par l'artiste créateur, détachant de son âme cette âme nouvelle, cette âme-fille, pour lui donner une forme propre, capable d'en manifester les harmonies et les émotions, et créant ainsi un être vivant. Dans la matière et dans la vie, toute fécondation, toute conception et tout enfantement sont le résultat d'une activité qui est la source d'une émotion.

A la première émotion esthétique, correspond le passage d'un psychique objectif dans le giron du psychique subjectif ; l'âme du sujet accumule et s'assimile l'âme des choses. La seconde émotion correspond à une opération toute contraire. L'artiste, le sujet, détache une partie de lui-même pour en faire une réalité objective. Le subjectif devient objectif. Ce merveilleux échange, qui fait de l'artiste un créateur, est le fruit d'une activité réelle et agissante ; et l'émotion esthétique est, proprement, la conscience de cette activité. L'émotion esthétique résulte de ce que l'âme accumule et organise les éléments harmonieux d'une âme nouvelle, et de ce qu'elle s'efforce de leur donner une forme digne d'eux. L'émotion esthétique résulte de l'activité réclamée par la transformation du beau objectif en beau subjectif, et par la transformation inverse de ce beau subjectivé, dirai-je, en beau devenant objectif par la création de l'œuvre d'art. Ces deux moments de l'émotion esthétique, M. Pujo ne les a compris que bien imparfaitement, car il n'a pas vu dans la nature la source de l'émotion esthétique, et il n'a pas reconnu dans l'art une forme de la vie. Distinguer radicalement l'art de la vie, ce n'est pas saisir, me semble-t-il, le rapport réel de ces deux grandes manifestations. La vie est le fruit de l'art merveilleux et sublime de l'Artiste divin, de Celui qui est la source infinie de toute force et de toute activité, et qui a détaché de Lui l'âme de la création ; l'art est la vie, telle que peut la créer l'artiste humain, c'est-à-dire l'artiste borné, obligé de demander au dehors les éléments dynamiques et psychiques de son œuvre, ne pouvant embrasser qu'un horizon restreint, ne pouvant accumuler et organiser les forces psychiques que suivant une orientation limitée, fixée et circonscrite, et ne pouvant leur donner qu'une forme à vie physiologique peu intense, une forme presque de surface. La vie est plus grande que l'art, car si l'art n'est qu'une représentation partielle et circonscrite de la vie, la vie anime tout et embrasse tout ; en elle le psychique s'accumule et s'organise en puisant ses éléments dans toutes les directions de l'horizon et dans toutes les sources de l'esprit ; par elle se fait un rayonnement puissant et merveilleux de toutes les formes de ce même esprit ; en elle enfin, l'esprit se trouve manifesté par une forme éclatante de mouvements internes et de configurations rayonnantes. La vie est plus brillante que l'art, plus merveilleuse que l'art. Elle est plus grande que l'art, car elle embrasse tout, elle produit tout, même l'art.

Après ces études sur les rapports de la matière et de l'esprit, et sur les corollaires que l'on peut en tirer pour une théorie de l'art, il nous reste à examiner les conséquences qui nous semblent en découler pour une conception philosophique et rationnelle de l'Immortalité. C'est là ce qui fera le sujet des conférences suivantes.

CINQUIÈME CONFÉRENCE

La personnalité psychique peut-elle devenir indépendante du centre cérébral ? — Du plasma ultra-terrestre. Question de son origine et de ses facultés. L'immortalité de la personnalité. Preuves déduites de l'immortalité du plasma germinatif. Ce plasma peut-il suffire a une nouvelle phase évolutive de l'esprit ? Doit-il céder la place a un nouveau plasma ?

Nos quatre premières conférences ont été consacrées à établir nettement notre situation et à préciser les données qui devaient servir de point de départ à nos conjectures. Nous devions, en effet, avant d'aborder la question même de l'immortalité, dire ce que nous croyons devoir entendre par esprit, par matière, et nous faire une idée aussi satisfaisante que possible des relations qui existent entre ces deux faces ou modes de l'être ; il convenait également de définir ce que nous entendions par personnalité, et d'exposer la conception que la science de la nature nous permettait de nous faire de cette personnalité et de sa constitution progressive à travers les phases successives de l'évolution des animaux dans la vie terrestre.

Nous avons parcouru ces diverses étapes, trop rapidement à notre gré, et en omettant bien des explications qu'avait le droit de réclamer, j'en conviens, une partie de mes auditeurs, peu familiarisés avec les sciences biologiques. Le temps, qui est, dit on, un grand maître, mais qui dans la circonstance s'est montré un grand tyran, a imposé des bornes à mon exposition.

J'espère avoir cependant établi quelques notions générales qui seront restées dans l'esprit de mes auditeurs, et qui nous permettront d'aller plus avant. Un appendice placé à la fin de ce volume suppléera dans une certaine mesure aux lacunes de cette exposition.

Nous devons aborder, enfin, l'examen du problème lui-même, auquel les quatre premières conférences ont pour ainsi dire servi de prologue. Avant de le faire, j'éprouve le besoin de répéter ce que j'ai déjà dit, quant à la méthode suivie. Nous allons pénétrer dans un ordre de faits, au sujet desquels l'observation directe ne peut encore rien nous apprendre. Je ne viens donc pas apporter une discussion et une démonstration scientifiques de ces faits présumés. Ma seule prétention est d'essayer de déduire des données acquises, et qui ont des relations plus ou moins prochaines avec la science et l'observation, d'essayer, dis-je, d'en déduire les conditions de la vie future, que nous considérons comme le prolongement de la vie présente dans des conditions supérieures d'évolution ascendante.

La conception mécanique et matérialiste de l'esprit et de la personnalité, — conception qui faisait du cerveau la cause directe et le producteur exclusif de la pensée, et de ce que nous appelons l'esprit, — enchaînait, d'une manière absolue, la durée de la personnalité psychique à celle du centre cérébral. Elle excluait toute possibilité d'immortalité personnelle, puisque la mort fatale et inévitable du cerveau entraînait la disparition de l'esprit, produit direct et incessant du cerveau, et, par suite, la disparition de la personnalité psychique. Le cerveau était la condition nécessaire et exclusive de celle-ci ; le cerveau supprimé, comme cerveau, l'élément psychique, ou plutôt le fait psychique, l'était aussi.

La conception que j'ai présentée comme plus rationnelle et plus vraie des relations du cerveau et de l'esprit, ne comporte certes pas une conclusion semblable. L'esprit subsiste toujours comme partie inhérente à la matière, qu'il y ait cerveau ou non ; le cerveau peut accumuler et organiser l'esprit, mais il ne le crée pas; l'esprit est antérieur au cerveau; il est répandu partout; il est disséminé, à l'état plus ou moins obscur, plus ou moins rudimentaire. Loin d'être le produit du cerveau, l'esprit a formé le cerveau, l'esprit a déterminé et dirigé la formation du centre accumulateur et organisateur, ce qui s'accorde fort bien d'ailleurs avec cette proposition, dont la biologie tend à reconnaître de plus en plus la justesse : c'est la fonction qui crée l'organe, et non l'organe la fonction. Et en effet, c'est l'esprit qui crée l'organisme, et non l'organisme qui crée l'esprit; de même que c'est le besoin de respirer, la nécessité de la fonction respiratoire, qui provoque la formation du poumon, et non le poumon qui donne naissance à la fonction respiratoire. Nous avons un poumon, parce que nous sommes appelés à respirer, parce que la respiration est une fonction nécessaire; et ce n'est pas parce que nous avons un poumon que nous sommes amenés à respirer et tenus de respirer.

Les éléments de l'esprit ne sont pas plus destructibles que les éléments dits matériels. Mais ce n'est pas de leur indestructibilité qu'il s'agit; ce qui nous préoccupe, c'est l'immortalité de l'esprit parvenu à un degré supérieur d'accumulation et d'organisation qui en fait une âme, une personnalité psychique. Nous avons vu que le cerveau participait comme instrument à cette ascension de l'esprit en intensité et en dignité. La question se réduit donc à savoir si, le cerveau disparaissant comme cerveau, par la mort du corps, il est possible de concevoir la persistance de la personnalité psychique. Je dis : possible de concevoir : le savant ne peut, en pareille matière, parler encore que du possible, et non du réel et du certain. Jusqu'à présent, aucun fait observé ne permet une affirmation vraiment scientifique à cet égard. Les recherches faites dans certains milieux tels que « la Société des recherches psychiques de Londres », par exemple, qui compte dans son sein des représentants éminents de la science, feront peut-être un jour entrer cette question dans le domaine de l'observation et de l'expérience. On peut le désirer et l'espérer, sans toutefois être en droit, pour le moment, de l'affirmer.

Puisque, selon nous, dans la nature, l'esprit est inhérent à la matière, que nous ne le constatons que lié à une forme matérielle, nous ne pouvons le concevoir sans la matière. Nous n'avons jamais constaté l'esprit hors de la matière ; toutes ses manifestations sont liées, pour nous, à l'existence d'une forme. C'est là un fait d'observation, et qui ne peut être contesté. Mais en outre, nous avons établi que la personnalité était le fruit de la collaboration de l'esprit et de la forme de l'esprit, c'est-à-dire de la matière sous la forme de centres nerveux. L'esprit s'est, pensons-nous, donné cette forme pour opérer son accumulation et son organisation comme personnalité. Dès lors, puisque nous voulons ici n'encourir en aucune mesure le reproche de ne pas tenir un compte aussi rigoureux que possible des données de l'observation, nous ne saurions nous arrêter à l'idée d'une personnalité strictement spirituelle succédant, immédiatement du moins, à l'individualité corporelle de la vie terrestre. Non ; pour nous, l'être ultra-terrestre, continuateur et prolongement de l'être terrestre, doit constituer, comme ce dernier, une personnalité à la fois organique et psychique. Nous ne préjugeons d'ailleurs rien des états purement psychiques possibles des phases ultérieures de l'immortalité. La nature actuelle, telle que nous la voyons, ne nous permet aucune présomption à cet égard ; et nous nous taisons sur un sujet que rien n'éclaire pour nous, même de la plus faible lueur. Mais pour qu'il y ait persistance de la personnalité humaine et de la personnalité psychique immédiatement après la mort terrestre, deux conditions inséparables et corrélatives nous paraissent indispensables :

1° La personnalité psychique doit, tout au moins, conserver la cohésion et l'organisation qu'elle a reçues du cerveau humain ;

2° Cette personnalité psychique doit être attachée à un nouvel organisme ou nouvelle forme qui, comme accumulateur et organisateur, soit capable de maintenir son intégrité et de lui procurer même un accroissement d'énergie et d'organisation. Ces deux conditions sont connexes et se conditionnent réciproquement.

A nos yeux, la cohésion de l'être psychique ne se sépare pas, en effet, d'un certain degré d'organisation corporelle, d'une concentration et d'une fusion relative des masses nerveuses; et nous avons vu plus haut par quelles dispositions organiques, par quel enchevêtrement inextricable et touffu de prolongements filamenteux et ramifiés, les cellules cérébrales, sièges du psychique, contribuaient à maintenir et à perfectionner cette coordination et cette cohésion de la personnalité psychique. Partout où les masses nerveuses sont diffuses et éparses, partout s'affaiblit le caractère d'unification, de cohésion, de coordination de l'être psychique. *A fortiori* devraient se relâcher et se dénouer même entièrement les liens qui resserrent les éléments psychiques, lorsque l'organisme cérébral se dissocie et se décompose par la mort. Nous ne comprenons donc la conservation de la personnalité psychique que maintenue et soutenue par un organisme convenablement ordonné, capable de lui servir de forme et de lien.

On pourrait penser que l'être psychique — force capable de penser, de sentir et de vouloir — peut, comme toutes les forces, simples ou composées, être transporté, et passer par suite, d'un organisme à un autre organisme ; mais l'explication serait ici bien insuffisante, car elle négligerait la partie la plus délicate du problème, c'est-à-dire la question de savoir quelle est l'origine de ce nouvel organisme.

Ce nouvel organisme, nous ne pouvons rationnellement lui assigner une autre origine que celle de l'organisme primitif, c'est-à-dire du plasma primitif, qui a été le point de départ de cette accumulation et de cette organisation de l'esprit, qui a eu pour fin la constitution de la personnalité. Cet organisme primitif, où la tendance évolutive vers une fin, où la volonté inconsciente du progrès se sont montrées d'une manière si manifeste, est l'œuvre de l'esprit attaché à la nature. C'est l'esprit, en effet, qui a organisé la matière sous forme de plasma, c'est-à-dire d'accumulateur et organisateur de la vie. Non seulement l'esprit a organisé le plasma primitif, mais il a présidé à ses transformations ; il a dessiné et dirigé ses perfectionnements ultérieurs, avec la fin d'en faire un accumulateur et un organisateur puissant de l'esprit. Si bien que, si le psychique a organisé la vie physiologique, à son tour la vie physiologique a contribué à accroître et à perfectionner le psychique.

Si donc l'organisme terrestre a été l'œuvre de l'esprit, l'organisme ultra-terrestre peut et doit être *à fortiori*, et dans des conditions autrement brillantes, l'œuvre de l'esprit élevé à la haute dignité de personnalité.

Si le psychique obscur et faible a pu organiser un plasma terrestre infirme et grossier, on peut présumer que le psychique, devenu personnalité, peut organiser à son tour une sorte de plasma ultra-terrestre, puissant et subtil, capable de constituer un accumulateur et organisateur supérieur du psychique.

Ce nouvel accumulateur, composé de quelque chose que nous appelons matière, mais matière plus déliée, plus délicate, à constitution plus coordonnée et plus harmonique, — où se formera-t-il ? Puisqu'il doit être le résultat de l'action du psychique, il semble qu'il puisse s'organiser surtout là où est le centre accumulateur du psychique, c'est-à-dire au siège même de la personnalité psychique ; en un mot, dans les centres nerveux. C'est là que doit se former tout au moins le germe du nouvel organisme.

Voilà une conception qui n'a certes rien de contraire à l'observation. Car, si l'œil de l'observateur ne peut constater la présence de ce nouvel organisme, fin, délicat, subtil, au sein de l'organisme cérébral, assez de faits nous permettent de soupçonner, sinon de constater, la pénétration complète de la matière tangible et pondérable par de la matière intangible et impondérable. Le Le milieu matériel auquel les physiciens donnent le nom d'éther, dont la nature est entièrement inconnue, et que la science considère comme une possibilité, mais que nos sens sont impuissants à percevoir comme masse matérielle, ce milieu, dis-je, siège des vibrations lumineuses, calorifiques, électriques, magnétiques, et de bien d'autres forces que nous ne connaissons pas, pénètre les corps lumineux, les corps chauds, les corps électrisés, les corps magnétisés, et représente ainsi pour ces forces un milieu subtil, insaisissable, au sein d'un milieu visible et tangible. Un condensateur électrique est un corps matériel au sein duquel sont multipliées et organisées les vibrations à formes spéciales, qui sont les vibrations électriques de l'éther. Le centre cérébral ne serait-il pas un accumulateur psychique au sein duquel sont multipliés et organisés les mouvements si spéciaux et si remarquables de l'organisme éthéré de l'esprit ? C'est là une comparaison qui, si elle ne démontre pas le fait, lui enlève tout caractère d'absurdité.

Mais il est des faits qui semblent près d'entrer dans le domaine scientifique et qui pourraient, s'ils étaient bien établis, apporter à ces horizons un caractère de probabilité et plus tard même de certitude. S'il est vrai, par exemple (et, je le déclare, les observations me paraissent prendre comme nombre, comme source et comme nature, une importance digne de frapper l'attention), s'il est vrai que la pensée, la volonté puissent agir à distance sur les corps matériels (et j'en appelle aux expériences extrêmement remarquables publiées, il y a un mois à peine, par le docteur Lodges, professeur de physique à l'Université de Liverpool, membre de la Société royale de Londres, expériences auxquelles ont collaboré M. le professeur Charles Richet de la Faculté de médecine de Paris, M. le professeur Sidwick de Cambridge, M. Ernest Myers, M. le docteur Ockorowicz de Varsovie, le docteur Freiher Von Screnkk-Notzing de Munich, le docteur Charles Ségard, médecin en chef de l'escadre de la Méditerranée, expériences qui confirment les expériences du docteur William Croockes, de la Société royale de Londres, de la Société chimique de Londres, l'inventeur du thallium, et de la matière radiante); s'il est vrai, selon ces expériences répétées durant trois mois environ pendant cinquante séances de plusieurs heures chacune, sans qu'il ait été possible à des observateurs de cette valeur, de découvrir une supercherie ou une cause d'erreur involontaire; s'il est vrai, dis-je, que dans certaines conditions et chez certains sujets le corps matériel semble produire des prolongements insaisissables autres que les membres naturels, et agissant sur les corps extérieurs ; s'il est vrai encore qu'une idée fortement pensée, qu'une impression vive et frappante, qu'une suggestion énergiquement voulue, puissent être transmises d'un sujet à l'autre sans avoir été exprimées ou indiquées par un signe extérieur; si la télépathie, c'est-à-dire la communication à distance de la pensée, se trouvait être une réalité ; si donc un phénomène, un mouvement d'ordre purement psychique *en apparence*, pouvait être directement communiqué, transporté d'un centre cérébral à un autre centre cérébral, et même à des distances parfois considérables; si, dis-je, ces faits étaient un jour irréfutablement établis, il me semble qu'un grand pas serait fait pour l'admission de ce milieu spécial invisible et intangible dans les conditions ordinaires, propre à transmettre les mouvements psychiques sans les altérer, et, peut-être aussi propre à en être le siège et le lieu d'accumulation et d'organisation, comme l'air est le siège et lieu d'accumulation de la symphonie, etc. Il faut dire que ces faits si imprévus, si extraordinaires, demandent encore des observations rigoureuses, pour être mis complètement hors de doute ; mais je m'empresse d'ajouter qu'il faut savoir gré aux savants qui, bravant l'impopularité qui s'attache à de semblables recherches, s'y adonnent avec cette ardeur et cet amour désintéressé du vrai qui enfantent les découvertes.

On peut encore présenter, en faveur de la conception que je viens d'exposer, d'autres considérations qui sont basées sur l'observation. La doctrine qui fait reposer l'existence de l'être psychique uniquement sur des phénomènes bio-chimiques dont le cerveau serait le siège et la matière, est certes bien loin de fournir l'explication de tous les faits. Nous avons tous connu plus ou moins des hommes chez lesquels, dans le cours de la vie et surtout vers son déclin, semblait s'établir entre l'être psychique et l'organisme sensible, un défaut croissant d'équilibre et de stature qui surprenait et qui donnait à réfléchir. Les faits de cet ordre sont certainement fréquents ; mais notre attention n'est ordinairement frappée que par ceux où la distance entre les deux faces de l'être acquiert une proportion inusitée, par suite d'une élévation peu ordinaire de l'être moral. Les hommes qui observent ont souvent noté et signalé cet étonnant phénomène, dont ils n'ont pas toujours recherché l'explication. Laissez-moi citer à l'appui de ce que j'avance les paroles prononcées à l'Académie française, il y a quelques jours à peine, le 7 février dernier, par M. Albert Sorel, dans son éloquent éloge de Taine, c'est-à-dire d'un homme auquel personne ne refusera la valeur d'une haute personnalité.

« On le voyait, a dit M. Sorel, s'amincir et se
« courber, mais il semblait que l'homme intérieur
« grandissait toujours ; et lorsque la main pieuse
« qui veillait sur ses forces défaillantes, indiquait
« que le temps était venu de le quitter ; que l'on
« partait, en se demandant si le lendemain on le
« retrouverait encore ; que l'on songeait avec déses-
« poir à cette grande lumière jetée sur le monde,
« et dont la source allait disparaître, on se récon-
« fortait en considérant que l'on assistait à un grand
« spectacle, et qu'il n'y avait vraiment plus ni pro-
« portions ni commune mesure entre cette pensée
« qui s'élançait toujours plus forte, plus sereine,
« plus dégagée vers l'idéal, et ce corps qui s'en allait
« toujours plus débile, s'évanouissant vers la terre. »

On ne saurait encore ne pas être frappé de ce fait que chez certains hommes, à l'heure de la mort, alors que le sang est altéré, que les phénomènes de nutrition sont viciés, que la machine cérébrale semble appelée à fonctionner dans des conditions les plus défectueuses, après un engourdissement et même des troubles de l'être psychique, un réveil se manifeste, la pensée s'éclaire et s'anime ; et de la bouche du mourant sortent des paroles lumineuses et des pensées d'une élévation morale surprenante. Cette succession brusque de la lumière aux ténèbres, de l'ordre au désordre, de l'activité à l'affaissement, alors que les conditions organiques et vitales du cerveau se sont certainement plutôt aggravées qu'améliorées, puisque la dévastation s'étend et que la mort approche, cette succession, dis-je, ne laisse pas que d'offrir quelques difficultés comme explication. La comparaison si souvent employée (parce que le fait est assez fréquent pour provoquer l'attention), la comparaison, dis-je, de la lampe qui jette une dernière et brillante lueur avant que de s'éteindre, ne saurait être prise que comme une comparaison poétique et symbolique, mais nullement comme une explication. L'explication, il faut la chercher ailleurs ; et pour ma part, je ne serai pas éloigné d'en trouver une satisfaisante dans cette pensée que l'être psychique revêt un caractère plus élevé et plus éclatant, au moment où commence à se produire la séparation des deux organismes ; on peut supposer qu'à ce moment l'organisme éthéré commence à se dégager des entraves de l'organisme terrestre et ne conserve avec lui qu'une part de relations nécessaire à l'expression. Il est d'ailleurs à remarquer que ces éclairs ultimes, ces rayonnements de la dernière heure, sont surtout et presque exclusivement le propre des hommes dont la personnalité morale s'est fortement accentuée, et chez lesquels on peut supposer la formation d'un organisme éthéré assez fortement constitué et cohérent pour devancer l'heure de l'autonomie.

A ces moments de lueur dernière, succèdent le silence de l'agonie et la disparition complète des manifestations psychiques; le corps use ses dernières forces et s'achemine vers la mort. Mais il n'y aurait rien d'étonnant à ce que cette lueur eût été réellement le signal de la séparation, que l'organisme éthéré et la personnalité psychique eussent pris leur vol, et que l'organisme terrestre, mû seulement par les restes d'une force acquise, ne fût plus qu'un agrégat corporel abandonné par l'âme personnelle à la décomposition et à la désagrégation ultimes.

Mais il est un autre ordre de faits qui pourrait bien constituer une indication de cette séparation ultime des deux organismes, l'un livré désormais à la désagrégation, l'autre entrant dans une vie nouvelle d'organisation et de perfectionnement. Je veux parler des faits si nombreux — et si curieusement étudiés de nos jours — auxquels on a donné le nom de faits de télépathie et qui consistent en ceci, qu'une personne voit tout à coup apparaître l'image d'un parent ou d'un ami absent, le plus souvent (j'insiste sur ce mot) à l'heure de la mort de ce dernier.

Si ces fait doivent être considérés comme suffisamment établis (et il faut convenir que ce n'est pas là l'opinion d'un grand nombre d'hommes de science ; mais, pour être juste, il faut ajouter aussi que bien peu d'hommes de science ont encore daigné les étudier et les contrôler): si ces faits, dis-je, devaient être considérés comme suffisamment établis, l'interprétation qui me paraîtrait être la plus rationnelle, ce serait d'y voir le résultat d'une double action, l'une de la part de celui qui agit, et qui apparaît, et l'autre de la part de celui qui perçoit. La part de l'agent serait une impulsion organo-psychique qui serait dirigée vers le percipient et qui produirait en lui un ébranlement spécial. Cette impression confuse et nue éveillerait à la fois le souvenir et l'imagination du percipient qui revêtiraient l'agent de sa forme et de son costume habituels, et en feraient un fantôme, une apparition. Il est naturel de penser que ces phénomènes seraient d'autant plus fréquents et plus intenses que l'impulsion proviendrait d'un organisme éthéré plus dégagé de l'organisme pondérable et charnel. Ainsi pourrait s'expliquer cette fréquence des apparitions ou fantômes, au moment même où celui qu'ils représentent est près de mourir.

Il est bien entendu que ces considérations sont purement théoriques et entièrement subordonnées à la réalité des faits de télépathie. Un groupe considérable de chercheurs consciencieux et sincères travaille à recueillir les éléments de cette démonstration. Leur tâche est loin d'être aisée, et leur but est loin d'être atteint. Il est si facile, dans ce domaine, de prendre les illusions et les faits purement subjectifs pour des réalités objectives. Le nombre des observateurs capables est si rare dans cet immense champ d'observation, où chacun se croit le droit de s'ériger en expérimentateur et en révélateur ! La foule des ignorants et des crédules l'emporte si fortement sur le petit groupe des hommes clairvoyants et de sang-froid ! Aussi faut-il ne pas décourager ces derniers, et leur faire le crédit que légitiment les obstacles dont la route est semée. Ils ont, pour le moment, réussi à attirer l'attention sur des faits que l'on avait l'habitude de reléguer parmi les contes de bonne femme ; et peut-être un jour devra-t-on à ces hommes courageux et sincères l'établissement de vérités d'un grand prix pour l'histoire de la personnalité humaine.

Quoi qu'il en soit, il me semble qu'on peut penser, sans mériter d'être taxé d'absurdité, que la personnalité psychique, parvenue à des degrés divers de cohésion et de systématisation, est capable de se constituer plus ou moins progressivement un nouvel organisme d'une autre nature que l'ancien, et pouvant *plus ou moins* suffire à de nouvelles étapes dans le progrès évolutif. Cet organisme subtil, s'il est l'œuvre d'une personnalité bien construite et coordonnée, possédera une structure et une coordination correspondantes, et il constituera, par cela même, la forme que revêtira le faisceau de l'être psychique, lorsque surviendra la désorganisation cérébrale.

Quel sera le sort et la vie ultérieure de ce nouvel organisme? Nous ne pouvons que le présumer. Mais il est logique de lui attribuer des qualités et des facultés au moins égales à celles du plasma terrestre. Il est, en effet, l'œuvre d'un faisceau psychique bien supérieur à celui qui a constitué ce dernier. Si celui-ci est doué d'immortalité potentielle, le plasma ultra-terrestre, forme du psychique devenu personnalité coordonnée et bien liée, le sera à bien plus forte raison. Comme le plasma terrestre, il pourra se rajeunir, se renouveler, s'accroître, se perfectionner, et constituer par ses différenciations ultérieures un accumulateur et un organisateur du psychique, dont la puissance surpassera celle de l'accumulateur terrestre. Avec un organisme si privilégié, le progrès de la personnalité psychique ne saurait que s'accentuer; et il lui sera facile de franchir de nouvelles étapes sur la voie indéfinie qui lui est tracée vers la perfection.

Comme pour le plasma terrestre, le plasma ultra-terrestre sera soumis à des conditions extrinsèques et intrinsèques d'immortalité. Les unes tiendront au milieu au sein duquel il se trouvera plongé, et auquel il empruntera les éléments de sa vie d'échanges. Ce milieu, nous ne le connaissons pas. Mais il est permis de penser qu'il est moins susceptible d'altération, plus riche en éléments résistants et subtils, plus chargé de forces et d'énergies utilisables que le milieu terrestre, et qu'il constitue surtout une source plus abondante de psychique. A un plasma plus élevé semble, en effet, devoir correspondre un milieu privilégié et plus capable d'être une source intarissable de rajeunissement pour ce plasma privilégié lui-même.

Quant aux conditions intrinsèques d'immortalité du plasma ultra-terrestre, il faut les rechercher dans le psychique qui l'a organisé, et dont il est la forme tangible. Ce psychique a revêtu le caractère supérieur de la personnalité. C'est donc dans cette personnalité même qu'il faut chercher la source de l'immortalité ultra-terrestre.

Cette personnalité est puissance consciente de sentir, puissance de penser, puissance de vouloir. Sa sensibilité lui permet de peser la valeur des incitations reçues. Sa volonté et sa liberté lui donnent le pouvoir d'imprimer une direction à ses mouvements intérieurs d'attraction et de répulsion. Par l'intelligence, elle les apprécie et les juge ; elle distingue ce qui est selon l'ordre et le droit de ce qui est désordre et injustice ; par la conscience morale, elle se sent responsable du choix qu'elle fera ; elle comprend qu'elle peut vouloir ; et de là résultent pour elle l'obligation et le devoir. Le devoir, c'est la conformité à la fin de l'évolution progressive, c'est l'*orientation* vers l'idéal. Elle a reçu l'ordre de s'élever. Cet ordre est pour elle la source de l'obligation. Ne pas la remplir, c'est désobéir. La faute c'est l'arrêt, la déviation ou le recul ; la faute, c'est la désobéissance à la tendance évolutive. La direction qu'elle prendra dépend de sa volonté. C'est donc l'intelligence du bien et du mal, c'est-à-dire la conscience morale, c'est la liberté du choix et la volonté maîtresse de l'action, c'est, en un mot, l'*orientation morale* qui constituent les termes supérieurs de la personnalité psychique. La valeur de celle-ci dépendra donc de ce qui sera accumulé et organisé en elle de conscience morale et de volonté. Le groupe psychique sera d'autant plus résistant et mieux lié que la conscience morale aura plus de lumière, et la volonté plus de force. Lumière pour le choix et volonté pour l'action, voilà les vrais liens de la personnalité psychique qui assurent son immortalité.

Mais de ce qu'à un faisceau psychique rudimentaire et encore peu élevé relativement, a correspondu, comme forme et résultat, un plasma terrestre doué d'immortalité potentielle, on peut inférer, me semble-t-il, l'immortalité potentielle de ce faisceau psychique primitif lui-même. Comment concevoir, en effet, la perpétuité de la forme, si le fond n'est lui-même doué de perpétuité, puisque la forme est en corrélation directe avec le fond et en est le produit incessant et direct? L'immortalité potentielle du plasma primitif emporte donc avec elle la démonstration de l'immortalité potentielle du groupe psychique primitif. La petite âme, (1) l'âme rudimentaire, dirai-je, du plasma primitif, est immortelle, comme le plasma primitif lui-même. C'est là un fait digne d'attention, et qui me paraît gros de conséquences. Car si le groupe psychique primitif, qui a enfanté le plasma terrestre, est doué d'immortalité potentielle, à combien plus forte raison le faisceau psychique, incomparablement mieux systématisé, qui constitue la personnalité morale, paraîtra-t-il capable d'immortalité, et sera-t-il apte à constituer, comme forme, un organisme à cohésion robuste et à puissance supérieure de vivre?

A tous ces égards, en effet, le plasma ultra-terrestre doit être supérieur au plasma terrestre, car il tient son organisation d'un être psychique bien supérieur. Le plasma terrestre a eu à remplir une mission spéciale dont le plasma ultra terrestre a bénéficié. Il a dû, à travers une longue série d'êtres différents, de formes différentes, à travers des degrés innombrables, aider à la constitution de la personnalité consciente et responsable. Il a

(1) Voir à l'appendice la note sur l'*Âme du plasma*.

accompagné l'être jusqu'au point extrêmement important où celui-ci a pu connaître sa fin et posséder la volonté consciente de la remplir. Jusquelà, l'être a grandi comme individualité organique et psychique, sans être susceptible de se poser le redoutable problème de sa destinée et de sa responsabilité, et sans être capable d'agir comme artisan volontaire et conscient de son évolution ultérieure. Faire de l'être psychique animal, un faisceau robuste et puissant qu'embrasse le lien d'une volonté libre et consciente, tel a été le lot de l'évolution terrestre. L'organisme qui, à travers une longue évolution, a pu collaborer à cette tâche, a été pourvu pour cela d'une immortalité potentielle qui prendra fin avec certaines modifications des conditions de la vie terrestre.

Mais si l'organisme ultra-terrestre doit posséder des facultés au moins égales à celles de l'organisme terrestre, il doit y avoir entre eux une différence très importante, qui est la conséquence nécessaire de l'état des groupes psychiques qui ont présidé à la constitution de l'un et de l'autre plasma. Le groupe psychique, père du plasma primitif terrestre, formait déjà un faisceau harmonisé sans doute, un groupement équilibré, mais auquel manquaient la conscience de l'identité et le lien de la personnalité. Aussi, le plasma primitif terrestre a-t-il une tendance très prononcée à l'accroissement, à la division et à la multiplication. De lui sont sortis des myriades incalculables de germes qui se sont répandus et modifiés successivement, et qui ont peuplé le globe terrestre. Par ses multiplications incessantes, par ses renouveaux ininterrompus, ont pu se produire toutes ces formes vivantes destinées à permettre à l'être vivant de franchir progressivement les étapes innombrables qui l'ont conduit, de l'état de simple amas, — simple groupement, simple individu, — à l'être personnel et conscient. Mais l'être personnel, la personnalité, a de tout autres tendances. Loin de chercher à sortir d'elle-même pour se disperser, loin de chercher à se morceler pour constituer une lignée innombrable et devenir légion, loin de tendre à la division, à la multiplication, à la dispersion, l'être personnel tend, au contraire, à l'attraction, à la concentration, à la cohésion ; son but est d'embrasser toujours plus d'éléments psychiques pour les faire siens, en leur imprimant le sceau de sa personnalité ; il veut se compléter, se fortifier, s'accroître, par des acquisitions incessantes, plutôt que de détacher et de livrer des parcelles de lui-même pour l'édification de groupements nouveaux indépendants. Il cherche à se circonscrire de plus en plus, pour être et rester lui-même et ne pas devenir un autre ou portion d'un autre ; il accentue sa délimitation et creuse le trait qui le dessine ; si bien qu'il devient de plus en plus lui-même, une individualité dans le sens rigoureux du mot, c'est-à-dire un être qui ne peut et ne veut se diviser, et qui tend de plus en plus vers une parfaite intégrité. La tendance de l'évolution a été, à cet égard, bien manifeste, car elle est partie de l'être impersonnel et éminemment divisible, le plasma, pour arriver à l'être personnel et à caractère individuel.

Toutefois, cette tendance à la concentration, à l'accroissement, à l'affirmation et à la délimitation de la personnalité, revêt un caractère et recouvre des mobiles qu'il convient de discerner. On serait injuste à son égard, si l'on n'y voyait que les impulsions de l'égoïsme et les appétits de l'accaparement. Si l'être personnel cherche à accroître et à resserrer son faisceau psychique, c'est qu'il a conscience de la valeur morale de sa fin, et qu'il voit clairement que cette fin lui impose l'obligation de devenir une source croissante d'énergie. Mais la personnalité morale ne tend certes pas à satisfaire sa noble ambition aux dépens d'autres personnalités capables comme elle de vie et d'immortalité. Ses visées sont plus hautes et plus désintéressées ; si elle aspire à la force, c'est pour la mettre au service de la justice et de l'amour. Elle ne veut donc rien devoir à la rapine. Mais elle trouve une manne suffisante dans l'esprit répandu partout, et au sein duquel elle est plongée, esprit soit diffus, soit, comme nous le verrons plus tard, encore dépourvu d'une cohésion et d'une organisation suffisantes pour assurer son autonomie et sa permanence. En cela, elle obéit fidèlement à la tendance générale et supérieure de l'évolution, qui est l'organisation de l'esprit en groupements personnels et permanents.

L'évolution a donc abouti au faisceau personnel et attractif, au groupe condensé et cohérent qu'une volonté consciente peut défendre contre la division et la dispersion. Un groupe psychique doué de qualités si nouvelles et si remarquables ne saurait revêtir la forme d'un organisme dont la tendance fût à la division et à la multiplication. Et, s'il nous est permis de concevoir quelque chose à cet égard, nous devons, semble-t-il, considérer l'organisme ultra-terrestre comme une forme bien circonscrite à elle-même, dépourvue de divisibilité, voulant rester elle-même, conserver tous ses éléments, en accroître même le nombre et la valeur, et concentrer en elle-même et dans ses limites personnelles son évolution ultérieure. Le plasma terrestre, divisible et illimité, aura cédé la place à un plasma ultra-terrestre délimité et défini, qui ne connaîtra plus la division et la multiplication germinatives.

Les considérations qui précèdent contribueront,

pour leur part, à donner une réponse à la question suivante :

Le plasma terrestre actuel n'aurait-il pas pu collaborer à une phase de l'évolution du psychique, supérieure à la constitution de la personnalité humaine ? Pourquoi sa carrière est-elle brusquement interrompue, et pourquoi doit-il céder la place à un plasma nouveau, capable de parcourir des phases nouvelles ?

C'est là une question à laquelle j'ai déjà répondu en partie dans l'*Essai sur la Vie et la Mort*, mais à laquelle il convient ici de donner encore une réponse ayant avec la question de l'immortalité une relation plus directe.

Si le plasma terrestre a collaboré à l'organisation du psychique supérieur, il l'a fait en modifiant profondément une portion de plus en plus importante de lui-même, de manière à devenir un accumulateur et un organisateur de plus en plus puissant du psychique universel. A l'état de plasma primitif ou germinatif, il était avant tout puissance de vivre, il était avant tout la forme de la vie. En d'autres termes, il y avait en lui, associés dans des proportions discrètes et suffisantes — tout ce qui fait et constitue la vie — sensibilité, motricité, instabilité, facultés d'échanges, facultés psychiques encore rudimentaires, quoique reliées en un humble faisceau, faculté de régénération sous forme de pouvoir d'amorce. Il possédait donc en lui tout ce qui importe au mouvement brillant et rapide de la vie, dans une association sagement pondérée et équilibrée, sans qu'aucune faculté prédominante ne vînt imposer aux autres un silence relatif, en accaparant pour elle une part trop grande d'énergie au détriment de ses compagnes.

Une association d'une pareille constitution était appelée à vivre d'une vie continue et uniforme; mais on ne voit pas comment, tant qu'elle eût conservé cette pondération et ce respect rigoureux de la mesure, elle fût sortie de cette situation d'où toute prédominance était bannie. Tant que le plasma primitif aurait conservé sa constitution primitive, il devait représenter un degré inférieur d'organisation et correspondre à une systématisation rudimentaire du psychique. Ce n'est pas là une simple présomption ou une pure hypothèse. C'est un fait d'observation. Les protozoaires, en effet, héritiers directs et fidèles de ce plasma primitif, nous le démontrent suffisamment, par la place qu'ils ont conservée et qu'ils occupent légitimement au bas de l'échelle des êtres vivants.

Mais l'évolution terrestre était dès lors impossible, et sa fin ne pouvait être remplie; jamais, en effet, dans ces conditions, la vie sur le globe ne serait parvenue à la constitution de la personnalité morale.

Mais cette fin était voulue, et la tendance évolutive, implicitement comprise dans l'œuvre du psychique universel, devait la réaliser. C'est pour cela que le plasma germinatif ou primitif, obéissant à l'impulsion de cette tendance, a introduit dans sa constitution des modifications extrêmement remarquables qui, correspondant à la prééminence de certaines de ses facultés et au sacrifice de quelques autres, devaient concourir à la réalisation de la personnalité morale.

Le but essentiel, la tendance capitale de cette évolution a été la constitution d'organes accumulateurs et organisateurs puissants du psychique. C'est pour cela que certaines parties du plasma germinatif se sont transformées en éléments nerveux, en cellules nerveuses, en centres nerveux. Mais, pour favoriser le jeu même de cet accumulateur et lui rendre la tâche plus fructueuse, d'autres portions du plasma germinatif se sont transformées en organes moteurs, en organes sécréteurs, en organes des sens, en organes de sustentation et de protection, en organes de digestion, de nutrition, etc. Certaines parties du plasma germinatif se sont modifiées. La cellule germe est devenue ici cellule musculaire, ici cellule sécrétante, ici cellule conjonctive, ici cellule épithéliale, etc., et, ainsi, se sont constitués des organismes complexes, de plus en plus aptes à entrer en relations intimes avec la nature, avec le monde, et à saisir, à capter partout le psychique général et diffus, pour le ramener, par des canaux multiples, vers l'organe accumulateur central ou centres nerveux proprement dits.

Servi par tous ces éléments différenciés, par tous ces organes dont la fin est son développement et son perfectionnement, le centre accumulateur s'est peu à peu accru, perfectionné; lui et ses dépendances ont peu à peu acquis une prééminence considérable et envahi la presque totalité de l'être. Outre les agglomérations énormes qui constituent les centres cérébro-spinaux proprement dits, c'est-à-dire le cerveau et la moelle épinière, on trouve partout répandus chez les animaux supérieurs, et chez l'homme plus spécialement encore, de riches lascis ou plexus composés de cellules et de filaments nerveux, ou des masses ganglionnaires éparses, des terminaisons nerveuses agglomérées et perfectionnées qui constituent tout autant de vastes dépendances du système nerveux central, puisqu'ils sont reliés avec lui et qu'ils forment, pour ainsi dire, par rapport à lui, les diverses parties d'un domaine colonial qui se trouve dispersé dans toutes les régions de l'animal.

Par la formation de ces éléments nerveux,

innombrables, épars partout, et par l'accroissement constant des liens qui rattachent toutes ces parties au centre, l'être terrestre supérieur, c'est-à-dire l'homme, s'est trouvé envahi par les parties accumulatrices du psychique. Si bien que l'organisme humain peut être presque conçu comme un vaste ensemble nerveux, comme un lascis, comme une éponge de tissu nerveux au sein de laquelle sont plongés et disséminés les éléments cellulaires et les tissus qui accomplissent les autres fonctions, celles du mouvement, de la sécrétion, de l'absorption, de la nutrition, etc.

Mais, si l'on réfléchit que les centres nerveux ne sauraient se suffire à eux-mêmes, qu'ils ont besoin, pour vivre et pour fonctionner, d'être nourris, entretenus, aidés par tous les organes qui président à la nutrition, on en arrive à cette conclusion qu'une certaine relation de quantité et d'importance est nécessaire pour le fonctionnement régulier des centres nerveux.

Si, en effet, comme cela est vrai, l'importance de ces centres croît toujours aux dépens des organes qui président au reste des fonctions animales, il doit nécessairement arriver un moment où ces derniers seront, par rapport aux premiers, dans une situation d'infériorité et d'impuissance telle, que les centres nerveux, imparfaitement nourris, imparfaitement servis, perdront leur équilibre fonctionnel et donneront lieu à des manifestations maladives et anormales. Leur jeu sera faussé ; et l'accumulateur, profondément troublé dans son labeur, ne sera plus capable que de constituer des faisceaux psychiques incohérents et vicieux.

Eh bien ! je crois qu'on peut se demander si l'organisme humain ne touche pas à cette limite extrême. Les cas de troubles mentaux sont rares chez les animaux, et d'autant plus rares qu'on considère des types moins élevés, tandis que le nombre considérable et toujours croissant des cas de névrose et de folie chez l'homme, sont certes de nature à justifier une semblable question et à légitimer la réponse affirmative qu'on serait tenté d'y faire.

A ce point de vue donc, le plasma et l'organisme terrestres humains nous apparaissent comme ne pouvant suffire à l'avènement d'un degré supérieur de développement de l'accumulateur psychique, et, par conséquent, du psychique lui-même. Pour que l'évolution puisse être poursuivie, il faut donc qu'interviennent un plasma et un organisme d'une constitution et d'une nature différentes.

Mais il est encore une autre considération importante qui concourt à établir cette nécessité. En effet, avec le développement progressif de l'accumulateur cérébral, a constamment décru, dans la série animale, la part du corps réservée aux germes destinés à assurer la conservation de l'espèce. Tandis que, chez les animaux inférieurs, les germes sont extrêmement nombreux et forment presque la masse entière du corps; ils sont, à mesure qu'on s'élève dans la série animale, confinés dans des régions de plus en plus restreintes. Les germes sont donc plus rares; mais, peut-on dire aussi qu'ils ont perdu quelque chose de leur puissance germinatrice ? Ils sont peut-être moins germes, moins aptes à la multiplication et au rajeunissement. C'est là une vue qui n'est peut-être pas aussi théorique qu'il le paraît, et que la raréfaction de la progéniture semblerait confirmer. L'humanité elle-même semble s'avancer plus ou moins lentement vers une phase de dépopulation tenant peut-être à ces causes elles-mêmes, raréfaction des germes et diminution de leur pouvoir germinatif; et l'importance croissante de ces causes peut être prévue comme un des agents futurs de l'extinction de l'humanité.

Ainsi donc, l'organisme actuel et ses germes, malgré leur immortalité conditionnelle, ne sauraient être les instruments d'une évolution supérieure à l'humanité actuelle, et un plasma supérieur doit entrer en jeu pour parcourir les étapes ultérieures de l'évolution.

Il y a plus enfin, car non seulement l'organisme terrestre humain ne paraît pas pouvoir être l'instrument d'une élévation supérieure du psychique, mais il pourrait devenir une entrave évidente à cette élévation. Cet organisme, en effet, qui a favorisé les phases inférieures et moyennes de la vie terrestre, risquerait de devenir, pour les supérieures, un embarras et une servitude, une occasion d'abaissement et non d'élévation.

L'âme ne saurait progresser et monter tant qu'elle resterait liée à un organisme ou à une forme stationnaires; car cet organisme, conservant des caractère inférieurs de bestialité, ne manquerait pas de devenir un piège pour la personnalité psychique. Celle-ci, devenue plus puissante, plus capable de vouloir, plus capable de trouver, risquerait d'être mise au service d'un organisme inférieur et d'être entraînée vers des aberrations, vers des appétits artificiels et bizarres, résultant d'un défaut de parallélisme et d'adaptation entre l'âme et sa forme. Il y aurait là un déséquilibrement dont les conséquences seraient d'une très grande gravité. Peut-être voyons-nous actuellement comme un indice éloquent de cette phase de la vie de l'humanité. Le psychique veut s'élever, la tendance évolutive, l'obligation morale le poussent et le stimulent; mais il ne peut le faire qu'en élevant, en perfectionnant aussi sa forme, c'est-à-dire l'organisme accumulateur et organisateur qui lui est corrélatif. Mais d'autre part, cet organisme n'est plus susceptible d'élévation, il semble avoir atteint le plus haut degré de développement que comportait sa virtualité. Il y a donc là une situation grave, une difficulté évidente, dont la solution ne paraît pas pouvoir appartenir au processus ordinaire à nous connu de l'évolution terrestre, c'est-à-dire l'élévation des organismes conjointement et harmoniquement avec celui des groupes psychiques. Il y a là une sorte d'impasse, quelque chose comme un état de tension menaçant ; et c'est peut-être à lui qu'il faut attribuer ces aspirations incohérentes, ces poursuites folles du bonheur, ces soifs insatiables, ces recherches insensées de l'impossible et de l'absolu, ces désespérances inconsolables, qui marquent trop nettement les caractères de notre phase historique et de notre civilisation. Les animaux ne connaissent pas cette inquiétude extrême, parce que chez eux la forme et le fond ont encore assez d'étapes à franchir dans la voie du progrès, pour que leur marche parallèle en avant puisse être poursuivie. Aussi, sont-ils loin de connaître au même degré que nous, les besoins factices et les aberrations de la jouissance.

Je sais bien que l'incohérence et le déséquilibrement dont l'humanité — particulièrement les portions les plus avancées de l'humanité — nous donnent aujourd'hui le spectacle, peuvent, pour bien des gens, être attribuées à la propagation d'habitudes vicieuses, de besoins artificiels, de l'abus de certaines jouissances, de l'usage immodéré du tabac, de la morphine, et, surtout, des boissons alcooliques. On ne saurait méconnaître l'influence funeste de pareils facteurs.

Mais il reste à savoir si, en raisonnant ainsi, on ne prend pas l'effet pour la cause ; et si ce besoin excessif de sensations, ce choix de jouissances dégradantes, ces aberrations de goûts ne sont pas d'abord la conséquence d'un déséquilibrement psychique résultant lui-même de l'excès de développement d'un système nerveux dont l'organisme général ne peut satisfaire les exigences nutritives ou autres. On peut se demander si l'avidité effrayante qui se manifeste pour les agents de destructions et de détérioration de l'organisme n'est pas d'abord le résultat d'un état mental d'où l'équilibre et la mesure tendent à disparaître, état mental sur lequel les habitudes funestes réagissent à leur tour pour l'accroître et l'aggraver. La rapidité foudroyante avec laquelle se répand l'usage des agents toxiques et des plaisirs malsains n'est peut-être réellement explicable que par l'existence préalable d'un milieu psychique troublé, par suite des relations faussées de l'organisme général et du cerveau.

Ainsi donc, pensons-nous, dans les conditions corporelles présentes, l'importance et le perfectionnement du groupe psychique risqueraient de devenir un piège et un obstacle à son évolution future, car ils seraient la source de déviations funestes et d'abaissements inévitables.

Mais remarquons que l'organisme terrestre actuel est le fruit d'une évolution du plasma terrestre suivant une direction qui se manifeste clairement, c'est-à-dire vers l'élévation progressive des centres nerveux. Toute évolution supérieure de ce même plasma ne saurait donc avoir logiquement d'autre résulat que d'accentuer encore cette prédominance et par suite les tendances fatalement dégradantes et perverses, qui menacent déjà l'organisme actuel et compromettent l'évolution de la personnalité.

Si cette évolution progressive doit être réalisée (et nous ne saurions en douter), il faut demander un organisme nouveau à un plasma différent, élaboré lui-même par le psychique hautement organisé, comme le plasma primitif l'avait été lui-même par le psychique à peine sorti de sa phase diffuse et rudimentaire. A un plasma dont la virtualité évolutive est épuisée, doit succéder un plasma doué d'une puissance supérieure et capable de coopérer à de plus hautes destinées de la personnalité. C'est là le plasma ultra-terrestre.

Sur la nature et l'origine de ce plasma et de cet

organisme, j'ai essayé de trouver quelques lumières dans le champ de nos connaissances, d'ailleurs extrêmement réduit sur ce point... Je dois continuer à étudier les conditions morales de l'immortalité de la personne psychique, ce qui sera le sujet de la prochaine conférence.

SIXIÈME CONFÉRENCE

Conditions morales de l'immortalité de la personnalité. Cette immortalité n'est pas nécessaire; elle est conditionnelle. Intégrité et dissolution de la personnalité. Absorption des personnalités faibles, par les personnalités fortes. La mort de la personnalité est la sanction de la loi morale. Valeur de cette sanction. Du rôle de la douleur dans l'évolution. Relation entre l'état moral et la conception de la sanction. La vie ultra-terrestre, prolongement de la vie terrestre.

Mais si l'être psychique devient immortel par la réalisation d'une unité, d'une cohésion morale constitutive de la personnalité, si l'être moral est appelé à être, par sa volonté, l'artisan de sa propre évolution et de sa vitalité, s'il est libre de fixer son orientation morale et d'employer ou de repousser les moyens mis à sa portée pour défendre son faisceau psychique, pour le resserrer et pour lui conférer les conditions de l'indissolubilité, il faut reconnaître alors que l'être moral supérieur, c'est-à-dire l'homme, présente parmi ses représentants des degrés très variés d'aptitude à l'immortalité. Il me semble même qu'on est forcé de reconnaître que, s'il y a des êtres moraux qui ont gravi et qui gravissent par la volonté, par l'effort incessant, les degrés de la constitution qui assure l'immortalité, il en est d'autres qui, par leur abandon d'eux-mêmes, par leur lâcheté vis-à-vis du mal, par leur retour vers les états inférieurs — souvenirs de l'ancêtre bestial — par leur anémie morale, et par leur servitude, travaillent à la désagrégation de la personnalité et à sa destruction. S'il est des êtres qui se sont constamment efforcés de mettre en lumière, de faire briller l'image divine qu'ils ont au-dedans d'eux, il en est d'autres qui l'ont lâchement livrée aux causes qui pouvaient la ternir, la déchirer et l'effacer. Les uns se sont dirigés et avancés vers Dieu, fin suprême et point de mire de l'évolution; les autres sont revenus vers l'ancêtre, c'est-à-dire vers la bête. Entre ces deux termes extrêmes, se trouvent bien des nuances et bien des degrés intermédiaires.

Que faut-il penser de l'aptitude à l'immortalité de ces personnalités morales si différentes ? Faut-il croire que tout être humain, quelle que soit sa place dans l'échelle morale, est appelé à l'immortalité par cela même qu'il est un être humain ? Ma raison et l'examen de ce qui se passe dans le domaine de la vie terrestre m'éloignent d'une telle conclusion, et je crois que la conséquence logique des conditions intrinsèques que nous avons reconnues à l'immortalité, c'est la nécessité d'une constitution, d'une cohésion suffisante et d'une harmonie fonctionnelle conférées à l'être psychique par l'effort de la volonté et par l'orientation morale. L'être moral destiné à vivre doit être complet et cohérent. Je ne vois pas de raison pour qu'un être conscient jouisse du privilège de l'immortalité personnelle, alors qu'il n'a cessé d'affaiblir, de relâcher, de décomposer le faisceau de forces psychiques qui aurait pu faire de lui une personnalité morale. S'il y a dans le cas de l'homme vaillant et droit une *intégrité* qui défie la désintégration, il y a chez l'homme relâché et bestial une *dissolution* fatale. Le langage ordinaire, — qui a sa philosophie, que dis-je? qui est une philosophie, la philosophie de l'instinct, de l'intuition, de la notion simple et vraie des choses, — ne s'y est du reste pas trompé; et, d'une manière inconsciente, il a appelé intègre l'homme dont la personnalité morale est solidement liée et cohérente, de même qu'il a appelé dissolu celui qui a relâché et rompu le faisceau de ses forces psychiques et morales. Le langage me semble avoir donné par là un exemple entre mille d'une sorte d'intuition instinctive du vrai et du réel. L'existence de la personnalité peut donc être compromise par la désagrégation, par la décomposition, par la dissolution qui paraissent devoir être les conséquences logiques de la dégradation morale et de la marche en arrière.

Mais cette existence, ou plutôt cette persistance comme personnalité distincte et autonome, pourrait aussi sombrer dans un naufrage d'un autre genre. On conçoit, en effet, que la personnalité puisse disparaître comme telle, c'est-à-dire comme groupe et faisceau autonome, si, par faiblesse, par défaut de volonté, par inertie, elle se laisse sans résistance absorber, pour ainsi dire, par un accumulateur plus actif, c'est-à-dire par une personnalité plus puissante, plus attractive, par une personnalité supérieure.

Nous sommes dans une très grande ignorance sur le mécanisme des relations qui peuvent exister à cet égard entre les groupes psychiques, et nous sommes obligés de nous contenter de conjectures et de probabilités. Or, il me semble qu'il n'y a rien d'absurde à présumer que des groupements psychiques puissent faire entre eux ce que font des groupements organiques qui tombent sous nos sens. Les éléments des groupements psychiques, c'est-à-dire les éléments dynamiques, ne sont pas moins impérissables et indestructibles que les éléments prétendus matériels, et je ne vois pas pourquoi les relations des faisceaux formés par le groupement des éléments de l'une et de l'autre catégorie ne pourraient pas présenter des conditions semblables. Qui sait d'ailleurs si, dans certaines unions profondes, où règnent la parfaite harmonie des vues et l'association complète des volontés et des affections, il n'y a pas autre chose dès ici-bas, et dans la vie actuelle, qu'une apposition et une coopération d'êtres distincts ? Qui sait si la fusion des volontés et des sympathies n'est pas parfois accompagnée d'une fusion réelle, plus ou moins partielle, des êtres organo-psychiques ; et qui sait aussi si la douleur profonde et le *déchirement* moral qui accompagnent certaines séparations, ne sont point dus en réalité à une rupture de liens à la fois organiques et psychiques, établis entre les deux organismes éthérés et subtils, supports et formes des deux personnalités ? Il est bien entendu que ces relations attractives et ces fusions organo-psychiques, qui se réalisent peut-être d'une manière passagère ou fugace dans la vie présente, ne nous paraissent pouvoir acquérir la stabilité et la durée indéfinie, que pour des faisceaux organo-psychiques déjà libérés de l'organisme terrestre qui constitue pour eux une cause permanente de localisation délimitée.

En nous plaçant donc à ce point de vue, on pourrait être amené à penser que les pseudo-personnalités, les personnalités imparfaites et non réalisées, celles qui, sans devenir les esclaves de l'immoralité, ont laissé tomber leur individualité dans l'insignifiance et l'irrésolution, celles qui ont fait abandon de leur volonté et ont atteint un état de faiblesse et d'indifférence qui les rend inaptes à poursuivre une existence autonome, celles qui ayant renoncé à toute orientation morale se sont condamnées à l'inertie, celles qui n'ayant pas su vouloir par elles-mêmes, sont devenues les serviteurs inconscients des volontés d'autrui, et constituent des personnalités mal circonscrites, incolores, indécises, des personnalités impersonnelles, pour ainsi dire, — on pourrait, dis-je, être porté à penser que ces personnalités relâchées s'inclinent fatalement et passivement vers des personnalités supérieures et entrent peut-être, par voie de fusion et d'assimilation, dans leur constitution. Ainsi perdraient-elles dans la vie ultra-terrestre leur autonomie, leur personnalité mal dessinée, et disparaîtraient-elles comme groupes autonomes et personnels.

Quoi que l'observation et l'expérience ne puissent nous rien révéler de positif et de tangible à cet égard, il est cependant des faits qui peuvent nous apporter du moins quelques indications précieuses.

Chacun de nous connaît de ces âmes qui sont, pour ainsi dire, prisonnières et esclaves d'une autre âme, de ces êtres dont la volonté s'effondre et s'anéantit dès qu'elles sont en présence d'une autre volonté, qui se sont laissées aller à une abdication définitive, de ces êtres dont le jugement, la pensée, la conduite n'ont, pour ainsi dire, rien de personnel et ne sont que les exécuteurs aveugles et passifs d'un programme inspiré par un autre. Supposons, par la pensée, qu'un de ces êtres psychiques impersonnels, dégagé du centre accumulateur cérébral, qui en maintient l'autonomie et la délimitation relatives, se trouve un jour en présence de l'être psychique supérieur qui le domine : notre première pensée n'est-elle pas pour son absorption et son assimilation complète, si bien que le premier devienne partie intégrante du second ?

Cette fascination d'un être psychique par un autre, cet anéantissement de la volonté, cet abandon de l'être à un autre être, qu'il ne faut certes pas confondre avec la soumission voulue à la loi morale et avec le sacrifice consenti et constamment renouvelé qui sont les témoignages et les fruits par excellence de la force, cet abandon, dis-je, nous est d'ailleurs bien clairement révélé par les phénomènes d'hypnotisme; car là, l'être soumis et dépouillé de sa personnalité ne sent, n'agit, ne pense, ne veut que par la volonté de l'opérateur ; et il semble que l'âme du patient fait pour ainsi dire partie de l'âme de celui-là, puisqu'elle ne sent, ne veut, n'agit que conformément à sa volonté. Ici encore, devant une abdication et un abandon si complets, n'est-on pas porté à croire à la possibilité de l'absorption complète du faisceau psychique de l'hypnotisé par l'hypnotiseur, si le premier venait à être séparé de la forme cérébrale qui le fixe et le retient encore, et qui maintient son indépendance relative ?

Mais que ce lien vienne à se rompre, que la forme cérébrale altérée, usée, ne soit plus susceptible d'être la forme fixatrice de l'âme ; et cette dernière, détachée et flottante, a bien des chances de se fondre dans l'âme forte, personnelle, attractive, qui ne peut être entamée.

Ainsi donc, si la désagrégation et le morcellement paraissent devoir être le lot des âmes corrompues et dégradées, c'est par l'absorption dans les âmes saines et bien formées que les âmes débiles et à forme indécise sont peut-être appelées à perdre une existence personnelle qu'elles n'étaient pas aptes à maintenir.

Les faisceaux psychiques qui, par leur labeur incessant sur eux-mêmes, qui, par l'application constante de leur volonté, seront parvenus à dépouiller plus ou moins complètement le vieil homme, c'est-à-dire l'hérédité bestiale de l'ancêtre, et qui, s'étant élevés à la personnalité morale, seront ainsi devenus vraiment hommes, ces faisceaux psychiques, dis-je, puissants et coordonnés, seraient donc seuls aptes à jouir de l'immortalité personnelle et indépendante.

L'immortalité de l'homme n'est donc pas universelle et nécessaire ; elle est soumise à certaines conditions, elle est conditionnelle, pour employer une expression consacrée.

Mais alors, me dira-t-on, vous supprimez la sanction de la loi morale après la mort, ou, dans tous les cas, vous lui attribuez un tel caractère, qu'elle perd sa valeur et son efficacité. Si le pervers mourant est anéanti pour toujours, que devient le châtiment du mal moral ? Où sera la sanction ?

A cela je réponds : la sanction, c'est la mort ; et j'ajoute que c'est la seule qui puisse avoir été voulue par la suprême justice, qui ne saurait être séparée de la suprême bonté.

Nos traditions religieuses enseignent que l'homme a été fait à l'image de Dieu. Ce que la religion enseigne, la raison nous le présente comme logique. Si l'évolution a pour but d'élever de plus en plus la création vers celui dont elle est l'émanation, l'image du Créateur doit s'accentuer de plus en plus dans l'œuvre créée, et apparaître plus clairement dans le chaînon supérieur, qui est l'homme.

Mais il faut reconnaître que si l'homme a été fait à l'image de Dieu, l'homme, à son tour, fait Dieu à son image. On peut même ajouter qu'il a abusé de cette assimilation. Le mot de Voltaire reste vrai : Si Dieu a fait l'homme à son image, il faut convenir que l'homme le lui a bien rendu. C'est là d'ailleurs un fait très rationel et très logique, car l'homme ne peut concevoir Dieu, c'est-à-dire l'être moral parfait, qu'en prenant pour point de départ l'être le plus moral qu'il connaisse, c'est-à-dire l'homme lui-même. Aussi, l'idée que l'homme se fait de Dieu est-elle essentiellement dépendante de l'état moral de l'homme. L'homme grossier et charnel se crée des idoles informes et grossières ; l'homme plus élevé, et amoureux des beautés de la forme, élève dans ses temples des statues, chefs-d'œuvre de l'art ; l'homme d'une haute moralité et d'une spiritualité perfectionnée, s'adresse à un Dieu spirituel dont la forme lui échappe. Mais, même dans ce dernier groupe, que de nuances, que de diversités dans la conception de Dieu ! Pour certaines civilisations, il y a un Dieu, puissance irrésistible, justice redoutable, législateur plein de rigueur et de colère, Dieu vengeur, sans miséricorde. Pour d'autres civilisations, c'est-à-dire pour un autre état moral de l'homme, le Dieu législateur, le Dieu justice, le Dieu vengeance, le Dieu colère, est devenu un Dieu sagesse, un Dieu patience, un Dieu miséricorde et, pour tout dire en un mot, un Dieu amour.

Eh bien! de l'idée que l'on se fait de Dieu dépend, d'une manière rigoureuse, la conception de l'attitude de Dieu vis-à-vis du mal et vis-à-vis du méchant, soit pendant la vie terrestre, soit pendant la vie ultra-terrestre.

Mais n'est-il pas vrai que nous n'avons le droit de concevoir Dieu que sous la forme de l'être moral le plus parfait qui soit? Si nous faisons Dieu à l'image de l'homme, il faut nécessairement que cette image ait pour traits ce qu'il peut y avoir de meilleur dans l'homme. Jugeons donc de l'attitude de Dieu vis-à-vis du mal et vis-à-vis du méchant, selon l'idée que nous pouvons nous faire de l'attitude de l'homme dans une situation semblable.

Prenons deux hommes animés d'une égale répulsion pour le mal moral, et d'un égal désir de le combattre. L'un est censé représenter la justice; il a une balance à la main, et, de sa part, chaque faute contre le bien est immédiatement et irrévocablement l'objet d'un châtiment sévère. Il espère chasser le mal en le punissant. L'autre représente la miséricorde et l'amour; la vue du mal l'afflige autant qu'elle affligeait le premier, mais il attend beaucoup de la reconnaissance et du pardon. Mais il sent que l'homme est faible et enclin à la chute; il veut l'aider à échapper au mal; pour cela, il lui envoie la douleur, pour provoquer en lui l'effort libérateur contre le mal moral, pour l'empêcher de se livrer à ses passions et à ses penchants, pour le rendre attentif aux dangers qu'il court, et pour le maintenir dans la voie du bien.

Pour le premier homme, la douleur est employée comme châtiment; elle paraît être le fruit de la justice, et seulement de la justice; pour le second, elle n'est que l'aiguillon bienfaisant, que l'avertisseur utile, que le gardien fidèle, que le préservateur contre le mal; elle est la sauvegarde du bien moral et la garantie du progrès; elle est la main conductrice de l'amour, main dont la pression est parfois douloureuse, parce qu'elle veut, contre toute résistance, ramener l'égaré dans le bon chemin et le retenir avec vigueur sur le bord de l'abîme.

Lequel de ces hommes placerez-vous plus haut dans l'idéal moral? Lequel répond à la conception la pus parfaite de l'homme perfectionné, de la personnalité psychique la plus harmonisée? N'est-ce pas le dernier? N'est-ce pas l'homme de la miséricorde et de l'amour?

Voilà pour la conception que nous devons nous faire de Dieu vis-à-vis du mal et du méchant dans la vie terrestre.

Et dans la vie ultra-terrestre, quelle sera la conception supérieure de Dieu? Sera-ce celle d'un Dieu vengeur et dont la justice va jusqu'à la rigueur? sera-ce celle d'un Dieu qui sait voir éternellement et sans sourciller des êtres condamnés à des souffrances, qui sont inutiles si elles ne doivent point ramener le méchant à la repentance et au bien, et dont l'éternité est absolument incompatible avec la bonté de Dieu dans le cas contraire, c'est-à-dire si elles sont capables de produire chez le méchant une heureuse transformation.

Un Dieu juste et bon ne peut vouloir la douleur sans but et sans utilité ; car, dans le cas contraire, il ne serait ni juste ni bon. Mais il la veut comme un moyen nécessaire à l'édification et à l'élévation de la personnalité morale. Il ne saurait tenir à ce qu'il y ait des créatures qui souffrent, mais ce qui lui importe, c'est que le mal moral soit supprimé. Pour cela, il lui suffit de la suppression du méchant.

Je désire, sur ce point, insister et dire toute ma pensée, comme naturaliste et comme philosophe, dussé-je me trouver en contradiction avec quelques traditions reçues et d'ailleurs très respectables. Faire de la douleur la punition de la faute commise, du fait coupable accompli, c'est prêter à Dieu un rôle de vengeur, fruit de l'inspiration d'un anthropomorphisme exagéré et inacceptable. L'homme et la société humaine sont réduits à punir la faute commise, parce qu'ils sont incapables de prévoir et de mesurer la faute à commettre, et parce que le soin de leur défense le leur impose ; et cependant, l'homme lui-même reconnaît qu'il est infiniment préférable de prévenir le mal que de le punir. Il essaie même de le faire par l'éducation, par l'autorité, par la discipline, c'està-dire par des moyens qui représentent des nuances de la souffrance sous la forme de crainte, de soumission, d'efforts imposés. Mais, pour l'homme, aller au delà, dans cette voie, conduirait directement à l'arbitraire et à l'injustice. Et cependant, malgré son impuissance, l'homme cherche à donner pratiquement à la souffrance imposée par lui, sa vraie signification. N'est-ce pas, en effet, à cette conception préservatrice de la douleur qu'est due l'introduction récente dans nos mœurs judiciaires de cette disposition qui suspend l'application d'une première condamnation jusqu'à l'apparition de la récidive ? N'y a-t-il pas là, en effet, la reconnaissance de l'inopportunité de la peine comme salaire du passé et de son efficacité comme garantie pour l'avenir ? Et, d'ailleurs, un père qui aurait la certitude, que son fils coupable d'une première faute ne doit plus y retomber, croirait-il devoir le punir ? Et, s'il le punit, n'est-ce pas réellement et uniquement pour redresser sa volonté en vue de l'avenir ?

L'homme, donc, débarrassé de toute crainte légitime et de tout désir de vengeance; l'homme, mû seulement par les sentiments les plus nobles, les plus désintéressés, et par les mobiles les plus élevés, n'a recours à la punition, c'est-à-dire à la souffrance, qu'en vue des résultats futurs. Pourquoi en serait-il autrement de Dieu?

A cet égard, bien supérieure à celle de l'homme est la situation de Dieu. Dieu n'a nullement besoin de vengeance et de défense. De plus, sa prévoyance lui permet d'appliquer au danger le préventif convenable. Son unique désir, c'est que le mal soit évité et que le bien soit fait. De sa part, la punition directe par la douleur, de la faute commise, du fait accompli, au lieu d'être un acte justifié, c'est-à-dire un acte de justice, pourrait revêtir plus justement les caractères de l'injustice. Puisqu'en effet Dieu a laissé s'épanouir dans l'homme la liberté, c'est-à-dire la faculté de choisir entre le bien et le mal, il a laissé subsister la possibilité du mal, c'est-à-dire qu'il a laissé l'homme livré, en quelque mesure, aux influences héréditaires, qui sont, quoi que l'on puisse en penser, des lois naturelles, c'est-à-dire des lois de la nature, des lois voulues par le Créateur de la nature.

En même temps, Dieu montrait à l'homme, par la voix de la conscience morale, quel était le type divin vers lequel il devait monter. Mais, puisqu'il désirait l'abandon progressif du passsé et la marche progressive aussi vers l'idéal moral, Dieu se trouvait bien moins en droit de punir la faute commise restée possible, que dans l'obligation d'aider l'être moral à triompher dans une lutte, dont Lui-même avait laissé subsister la possibilité, c'est à dire les dangers.

Si le Dieu vengeur eût pu dire à la créature tombée : « Tu as désobéi, je vais te punir », — la créature n'aurait-elle pas eu le droit de lui répondre : « Je suis tombée, je le reconnais ; mais qu'as-tu fait pour prévenir ma chute et pour me montrer le droit chemin ? Je n'ai pas senti la pression de la main protectrice. »

Ce reproche, la créature n'a pas le droit de l'adresser au Créateur. Pour indiquer à l'homme la voie du progrès, pour prévenir la faute, pour le détourner de la faute, Dieu a envoyé à l'homme la douleur. Je ne dis pas « a permis », je dis « a envoyé »; car, on a beau réfléchir, on ne saurait trouver un moyen plus capable que la douleur de détourner l'homme du mal, tout en respectant la liberté. La voix de la douleur est, en effet, d'une éloquence irrésistible ; elle seule est capable de dominer les rugissements et les révoltes de la bête que tout homme porte au-dedans de soi, et quand la douleur se fait entendre, elle est assurée de la soumission.

On m'objectera que la souffrance conduit souvent aussi l'homme au mal, et qu'elle fait naître en lui des sentiments d'envie, de haine, de révolte. J'en conviens ; mais je demande quel est le don de Dieu qui n'ait pu devenir, entre les mains de l'homme, une occasion de défaillance et de perversité ? Et je demande encore s'il ne serait pas vrai que ces natures, que le malheur aigrit et dégrade, n'eussent pas été encore plus dégradées par un bonheur sans nuages et par des joies ininterrompues ? Je livre ce problème à votre réflexion, mais non sans vous avoir demandé de faire sérieusement une enquête, soit en nous, soit autour de nous, pour savoir où se trouve la plus grande somme de valeur morale, de bonté, d'esprit de solidarité, d'abnégation et de sacrifice ? Est-ce dans les milieux où règnent l'abondance, la santé, la prospérité, la joie, et qui n'ont pas encore senti la morsure de la douleur, ou dans ceux qu'a visités l'épreuve, la pauvreté, la maladie et la mort ? Quand vous serez parvenus au terme de l'enquête, je sais bien quelle sera votre réponse.

La douleur paraît donc se justifier chez l'homme comme étant, avant tout — et peut-être uniquement — le préservateur de la déchéance et la préparation du progrès.

Mais, dans le règne animal, placé au-dessous de l'homme, cette vérité éclate d'une manière bien plus irrésistible. Que peut penser, en effet, le naturaliste d'une souffrance physique destinée à punir la faute morale chez des êtres où la conscience morale n'est pas encore suffisamment réalisée pour créer une véritable responsabilité ? Ne serait-elle pas une suprême injustice ? Mais, ici encore, la douleur se justifie comme la préparation du mieux dans l'ordre de la vie physiologique et dans celui de la vie psychique proprement dite, c'est-à-dire pour l'amélioration corrélative de l'organisme et des facultés mentales. Ici également, la souffrance détourne surtout l'animal des imprudences à commettre, et le pousse vers la recherche de ce qui peut améliorer son organisme et ses moyens d'existence.

D'ailleurs, la nature, qui n'est pas si mauvaise conseillère que certains veulent bien le croire, nous a ménagé le spectacle de ce que devient un monde animal d'où la souffrance est bannie. Ce monde est celui des animaux parasites, c'est-à-dire de ceux qui, par quelque artifice de structure, ou par suite d'adaptations successives, sont parvenus à se créer un milieu, où avec la moindre somme d'efforts, avec les moindres dépenses de travail et de souffrance, leurs besoins et leurs appétits sont satisfaits dans la plus large mesure. Quel est le spectacle qu'ils nous offrent? Celui d'êtres dégradés et mutilés, dont la sensibilité et l'activité sont abaissées; et, particularité digne de remarque, le degré d'abaissement de l'être est toujours proportionné au degré d'intensité du parasitisme, si bien que ceux de ces êtres qui ont abouti à supprimer ainsi presque tout travail, tout labeur, tout effort et toute souffrance, sont si abaissés dans leur organisation et dans leur vie mentale, qu'on les distingue à peine d'un organisme végétal, et qu'on a bien de la peine à reconnaître en eux l'existence des centres nerveux accumulateurs et organisateurs du psychique. Et cependant, ces organismes abaissés et dégénérés proviennent par évolution régressive, d'ancêtres plus élevés dont la vie était active et connaissait le besoin, la douleur et l'effort. Mais, pour s'être dérobés à l'influence bienfaisante et perfectionnante de la souffrance, ils se sont ainsi condamnés à une déchéance qui les déshonore.

Ainsi donc, la douleur est moins la punition de la faute commise que le préservatif de la faute à commettre, que l'éducateur de l'être moral, de sorte que la douleur est la condition du progrès et du bien moral, et qu'*une somme immense de douleur volontairement acceptée est dans la vie terrestre la condition naturelle et logique de la perfection morale.*

Et d'ailleurs, cette association si souvent réalisée de la souffrance et de l'évolution morale, association que légitime et justifie si bien le rôle attribué par nous à la douleur, devient, au contraire, une cruelle ironie, si la douleur est considérée comme le châtiment de la faute. Envisagée à ce dernier point de vue, la souffrance tend à revêtir un caractère d'amertume et de provocation qui ne saurait la rendre bienfaisante. Regardée comme l'éducatrice et l'aiguillon du bien, elle devient une bienfaitrice et une amie.

Mais, dira-t-on, ce fait que la souffrance, que la maladie, que les chagrins sont les conséquences ordinaires de l'inconduite, de l'immoralité, n'indique-t-il pas clairement que la souffrance est le châtiment attaché à la faute commise? Je conviens qu'il y a là une apparence bien faite pour troubler la vue et pour fausser les lignes de l'horizon. Il y a là comme un brouillard à dissiper. Dissipons-le!

Et d'abord, la souffrance est-elle toujours et nécessairement la conséquence de la faute? Oui et non. Non, la souffrance n'est pas liée nécessairement à la faute commise, si l'on considère la question au point de vue des faits pris en particulier. Nous savons certes bien que l'immoralité, que la faute commise ne sont pas toujours suivies du châtiment qu'elles nous paraissent mériter; et c'est même là un fait qui éveille le plus souvent en nous, soit un scepticisme funeste, soit des sentiments de révolte contre ce que nous considérons comme un défaut de sanction de la loi morale. Et ces sentiments naissent d'autant plus facilement en nous, que nous voyons à côté du vice heureux, la vertu frappée et meurtrie. La souffrance ne se montre donc pas à nous comme la conséquence logique de la faute commise. Mais là où la logique de cette idée que la souffrance est la conséquence de la faute commise, là où cette logique, reprend tous ses droits, c'est lorsqu'on regarde la faute commise comme la preuve et le précurseur de la faute à commettre, c'est-à-dire lorsque, considérant la faute en général, c'est-à-dire le retour vers l'état inférieur, on voit dans la souffrance le moyen nécessaire pour enrayer ce mouvement régressif et lui substituer la marche en avant.

Et d'ailleurs, la souffrance, qui ne saurait être prise comme la compagne et la conséquence fidèle et nécessaire de la faute commise, le devient, au contraire, d'actes auxquels nous ne saurions attribuer une valeur proprement morale et auxquels nous ne saurions attacher une responsabilité. La faim, la soif, la fatigue, le refroidissement ou la chaleur excessive, des blessures et des maux accidentels, sont certes aussi des souffrances. Leur valeur morale m'échappe, comme châtiment de la faute. Elle me frappe, au contraire, grandement, si j'y vois un motif pour l'animal, pour l'homme, d'employer ses facultés et de les perfectionner dans la recherche des moyens légitimes et plus ou moins ingénieux d'échapper à ces souffrances. J'ajoute que ces souffrances ne sauraient avoir un autre but dans le dessein de Dieu, puisqu'il a mis à notre portée les moyens de les prévenir, et qu'il dépend de nous d'utiliser ces moyens.

Ainsi donc, la souffrance est la conséquence de la faute, en ce sens qu'elle est née de ce fait général, que la liberté de l'homme a imposé la possibilité de la faute, et que la possibilité de la faute a imposé la souffrance comme sa correction.

Je dis sa correction et non son expiation, car la correction implique le redressement d'une déviation en vue de résultats futurs, et en dehors de toute idée de salaire ou de vengeance.

Ainsi donc, pendant la vie terrestre, la douleur est appelée non pas tant à punir qu'à prévenir le mal. Elle est moins le châtiment de la faute commise que le correctif et le préservateur des fautes à commettre. Elle est l'aiguillon du progrès. L'être moral est, par la douleur, averti de sa faiblesse, de son impuissance ; il est, par elle, arrêté dans le courant de débordement et de dégradation, où la plénitude de la santé et de la vie animale ne pouvait manquer de l'entraîner. Par la douleur, il est excité à vivre dans la sobriété, dans la tempérance, dans le calme moral. Par la douleur, l'être moral est excité à la recherche de tous les progrès propres à diminuer les souffrances qui accompagnent la vie terrestre ; d'où résulte, pour lui, la nécessité de s'élever par la recherche, par l'étude, par la pensée, et d'accroître l'étendue de son pouvoir sur la nature. Par la douleur, enfin, l'être moral est appelé à se replier sur lui-même et à chercher en dehors et au-delà de ce monde, où l'on souffre, les forces nécessaires pour l'action et les espérances consolantes.

« La douleur, disais-je dans mon VI° *Essai d'un*
« *naturaliste transformiste*, publié dans la *Critique*
« *philosophique* du 31 décembre 1886 et du 31
« janvier 1887, — la douleur a prévenu les dévia-
« tions malheureuses, les reculs, les dégradations
« corporelles, et a pris une large part à l'œuvre
« du progrès. Je dis plus : elle l'a assuré, car un
« monde animal qui n'eût connu que la jouis-
« sance, s'y serait livré sans mesure, et aurait
« couru, à grands pas, vers la dégradation et
« l'anéantissement, c'est-à-dire vers le retour à
« l'inanimé (vers la matière dite brute). L'aiguil-
« lon du besoin et la souffrance pouvaient, seuls,
« lui imprimer une meilleure direction. Mais le
« rôle de la souffrance dans l'évolution de l'être
« psychique n'a pas été seulement une action indi-
« recte et, pour ainsi dire, inconsciente. Le jour
« où s'est manifesté ce que nous entendons par
« l'être conscient et moral, ce jour-là, la douleur

« physique a exercé une influence aussi remar-
« quable que précieuse sur le perfectionnement
« de l'être doué d'intelligence et sur la constitu-
« tion de la personnalité. S'associant à la douleur
« morale, elle est devenue, avec elle, le grand
« moteur, le grand initiateur de l'être intelligent et
« moral, et elle a provoqué son développement pro-
« gressif. Pour l'homme notamment, la souffrance
« s'est appelée maladie, douleur physique ; et,
« d'une part, elle a provoqué tous les perfection-
« nements de l'art de prévenir et de guérir le mal,
« — et, d'autre part, elle a donné naissance à la
« sympathie, à la pitié, à toutes les manifestations
« si supérieures de la charité et à toutes les déli-
« catesses de l'amour des autres. La souffrance
« s'est appelée privation de ce qu'on désire, sépa-
« ration de ceux que l'on aime, et elle a provoqué
« ces inventions merveilleuses qui suppriment les
« distances et centuplent le temps ; la souffrance
« s'est appelée ignorance, et l'esprit humain s'est
« livré opiniâtrement à la recherche et au travail,
« et il a cherché sans relâche à sonder les profon-
« deurs de l'inconnu ; la souffrance s'est appelée
« perte cruelle, impuissance contre le mal, et le
« cœur humain, l'être moral, a répondu par le sup-
« port, par la patience, par la noble résignation,
« par la sérénité, par le courage et par la grandeur
« d'âme ; la souffrance s'est appelée oppression,

« injustice, spoliation, et l'être moral s'est tourné
« vers la délivrance, vers la justice, vers la géné-
« rosité, et il est remonté vers leur source suprême ;
« la souffrance, enfin, s'est appelée misère morale,
« repentir, remords amers, et l'être moral s'est
« tourné vers la miséricorde, vers le pardon, vers
« l'amour infini et éternel. Tel a été, en définitive,
« le rôle dévolu à la souffrance, soit physique, soit
« morale, — tel a été, dis-je, son rôle de grand
« éducateur et de grand révélateur. Elle a été la
« force vive de l'évolution progressive de la créa-
« tion vers le Créateur. Telle a été sa fin (sa vraie
« fin) ; et je ne crains pas de proclamer la gran-
« deur de cette fin et de la trouver digne de la
« bonté et de la sagesse de Dieu. »

Et ne croyez pas que la souffrance soit le lot exclusif de l'animal. Elle appartient à la création tout entière sous des formes diverses, et à des états plus ou moins rudimentaires. S'il est vrai que la vie est partout, s'il est vrai encore, comme nous l'avons dit avec Aristote, que tout mouvement est une sorte d'appétit, nous pouvons concevoir que le mouvement général de la vie comporte partout des besoins, des aspirations à satisfaire. Partout se trouvent des appétits, des aspirations, des tendances plus ou moins évidentes, plus ou moins silencieuses, et qui, non satisfaits, sont certainement le point de départ de tensions spéciales, de phénomènes d'irritabilité inconsciente, qui sont certainement les rudiments d'une sorte de souffrances. Ce que les physiciens et les chimistes appellent des états de tension des forces naturelles, c'est-à-dire ces états où elles semblent dominées par une compression, par un obstacle qui s'opposent ou à leur combinaison ou à leur détente, ne serait-il pas une souffrance ? C'est à satisfaire ces besoins, à soulager ces tensions, que répondent les actions des forces naturelles qui travaillent à l'évolution de l'univers.

Sans doute, dans les degrés inférieurs de la matière, nous n'avons pas encore pénétré assez profondément dans les secrets des mouvements tendantiels pour que nous puissions nous y livrer à une étude suffisamment éclairée de la souffrance. Mais dès que la vie se manifeste avec plus d'éclat, nous discernons, et à notre insu pour ainsi dire, cette lutte entre le désir, entre l'appétit et la satisfaction, que nous appelons souffrance. Nous ne craignons certes pas de dire que la plante souffre de la soif, de la chaleur, du froid, de l'obscurité, et nous avons raison; il y a là une souffrance, car la souffrance est avant tout une aspiration légitime non obéie, un besoin naturel non satisfait. Dans la plante, la souffrance a pour base et pour point de départ le besoin physiologique. Et c'est pour répondre à ce besoin que la plante a modifié sa structure, ses organes, ses moyens d'existence, qu'elle s'est perfectionnée et qu'elle a évolué. Mais quand le règne animal a apparu, une des facultés de la vie qui était restée humble chez le végétal, la sensibilité, a rapidement acquis une importance dominatrice. Avec elle s'est montrée et développée la forme matérielle correspondante, c'est-à-dire l'élément nerveux ; et la souffrance est devenue douleur, c'est-à-dire souffrance sentie, misère consciente. De sorte qu'avec la possibilité d'une souffrance perçue s'est montré l'accumulateur et l'organisateur de l'esprit. Il y a là une relation qui me paraît devoir être notée, car elle n'est certes pas de nature à affaiblir la valeur des conceptions que je viens de formuler. L'accumulateur et l'organisateur de l'esprit apportait donc, pour ainsi dire avec lui, lors de son entrée dans la nature, la sensibilité aiguisée mère de la douleur, c'est-à-dire l'avertisseur qui devait lui montrer la voie, et l'aiguillon qui devait le pousser à la parcourir.

Ainsi donc, la misère, sous forme de souffrance ou sous forme de douleur, a été le grand modeleur de l'évolution. C'est elle qui a pétri et façonné l'être créé.

Mais, quand est arrivé le terme définitif de la vie terrestre, quand, dans une meilleure économie, le mal moral a perdu toute chance d'être dominateur, quand le progrès de l'être moral est assuré par des conditions nouvelles de développement, de cohésion et de milieu, — alors, dis-je, la douleur a perdu tout ou presque tout caractère d'utilité, et elle ne saurait, dès lors, logiquement, trouver place dans l'œuvre d'un Dieu qui est surtout miséricorde et bonté. Mais, ai-je dit, ce qui importe à Dieu, c'est que le mal moral soit supprimé. Dans la création, la suppression du mal moral — mal moral qui est la conséquence nécessaire de l'existence de la liberté — apparaît, en effet, comme la fin suprême de l'évolution de l'univers. Avec le mal moral disparaît nécessairement le mal physique, dont l'existence ne s'explique et ne se justifie que comme une douloureuse nécessité destinée à tuer dans l'œuf le mal moral et à en empêcher l'éclosion. Mais le mal moral ne serait pas supprimé si les êtres moraux, corrompus, altérés, dissolus, continuaient à vivre, même dans la douleur. Le mal moral, en effet, serait éternellement représenté dans la création. Ce serait là une tache horrible et indélébile imprimée à l'œuvre divine, et comme une démonstration d'impuissance et d'imperfection. La justice et l'amour de Dieu se trouvent donc placés dans cette double alternative : ou laisser subsister le mal moral avec la douleur, ou supprimer à la fois le mal moral et la douleur. Je ne crois pas qu'il soit possible d'hésiter entre les deux solutions. La dernière, c'est-à-dire la suppression simultanée du mal moral et de la douleur, satisfait pleinement à la fois la bonté divine (ai-je besoin de le démontrer?) et la justice divine, car le méchant, cause du mal moral, est anéanti. Et j'ajoute que cette punition n'est pas même l'œuvre de Dieu lui-même, tant il semble que punir soit étranger à sa nature, mais elle est la conséquence logique d'une tendance libre et volontaire du méchant vers la dissociation et la dissolution de sa personnalité morale. Elle est le résultat d'un suicide volontaire, auquel Dieu n'eût pu s'opposer qu'en supprimant la liberté, c'est-à-dire l'être moral.

Mais, dira-t-on certainement, la suppression de l'immortalité, l'anéantissement final est-il un châtiment suffisant pour inspirer toujours à l'homme le désir de fuir le mal moral?

Suffisant? Non. Mais la crainte des peines éternelles a-t-elle empêché l'homme de se livrer aux tendances mauvaises de sa nature? Malheureusement, non. Je reconnais, cependant, que la crainte des peines éternelles a joué un certain rôle dans l'éducation morale de l'humanité. Mais alors, pourquoi renoncer à ce moyen d'inspirer à l'homme la fuite du mal moral? Je vais l'exposer en quelques mots.

Ce que j'ai dit du rapport qu'il y entre l'état

moral de la société humaine et l'idée qu'elle se fait de Dieu, on peut exactement le répéter à propos de la relation qui existe entre l'état moral de l'humanité et l'idée qu'elle se fait de la pénalité soit terrestre, soit ultra-terrestre.

Aux civilisations inférieures correspondent pour la vie actuelle des peines atroces et cruelles, qui frappent le corps, qui le mutilent ou qui le suppriment, en accumulant autour de la peine capitale les cruautés les plus barbares et les plus prolongées. La torture, le supplice de la croix, l'exposition prolongée jusqu'à la mort, les supplices à la Régulus, les mutilations horribles constituent la pénalité courante. Quand l'être moral, quand la société morale s'élèvent, les peines corporelles cruelles et barbares sont de plus en plus abandonnées, pour faire place à des peines corporelles plus douces, moins inhumaines ; et, quant au dernier supplice, on s'efforce d'en atténuer la douleur, et d'en abréger le plus possible la durée.

La tendance générale est la substitution progressive de la peine morale, de l'expiation morale à la souffrance physique.

Il y a eu une appropriation, une adaptation, entre l'état moral et la conception des peines, qui mérite quelques réflexions.

En effet, les peines corporelles, les supplices du corps ont eu leur temps ; et leur emploi a été légitime à une époque où, — l'humanité étant moins sensibilisée et moins affinée, et les consciences étant plus obtuses, — les peines morales eussent été pleinement insuffisantes pour atteindre et arrêter le méchant. Quelques âmes d'élite seules, précurseurs des temps futurs, en auraient éprouvé l'influence ; et c'est à elles précisément que la crainte du châtiment est le moins nécessaire pour les maintenir dans le droit chemin.

Je n'hésite pas à penser qu'il convient d'appliquer à la vie ultra-terrestre ce que je viens de dire de la vie terrestre. La pénalité ultra-terrestre, aussi bien d'ailleurs que les récompenses ultra-terrestres, ou plutôt la conception que l'homme est appelé à s'en faire, doivent aussi s'élever avec le développement moral de l'humanité.

A des croyances encore grossières, à une conception inférieure du bonheur et du malheur, ont correspondu sur les jouissances et les tortures de la vie future des notions tout à fait inférieures. Satisfaire les plus grossiers appétits, boire une liqueur enivrante dans le crâne de ses ennemis, se vautrer dans les jouissances les plus dégradantes, telle était la récompense promise aux heureux de la vie future. Subir les plus cruels supplices, les mutilations les plus horribles, voilà, d'autre part, les peines de cette vie à venir.

A une phase plus élevée de la vie morale ont

correspondu les félicités des Champs-Élyzéens, les bois sacrés et les bosquets parfumés, où la poésie, la musique, les jouissances artistiques délicates, et les félicités intellectuelles charmaient les loisirs des ombres heureuses. A cela répondaient, pour les âmes coupables, les durs et écrasants travaux (rocher de Sisyphe), les fatigues sans relâche (roue d'Amphion), les privations cruelles (supplice de Tantale), les souffrances physiques provoquées par le feu, le froid, les tourbillons de l'eau ou de l'air, les mutilations, etc.

A une phase plus élevée encore, les félicités calmes et sans fin d'une douce contemplation, d'un repos parfait dans l'adoration, dans le chant des hymnes sacrées, l'extase au son des harpes éternelles, dans la vue directe de la gloire de Dieu.

Et, d'autre part, pour les réprouvés, les tourments éternels d'une conscience coupable, les tortures d'une responsabilité effroyable, et les désespoirs d'une ruine morale sans remède et sans fin.

Au nom du degré de développement scientifique et moral que nous atteignons laborieusement aujourd'hui, il convient encore de modifier notre conception de la pénalité et des récompenses qui se rapportent à la vie ultra-terrestre.

La vie ultra-terrestre, prolongement de la vie terrestre, appartient, comme cette dernière, à la vie de l'Univers, et n'est qu'une phase de l'évolution générale. Comme toute l'évolution, elle consiste dans une marche incessante vers des états supérieurs. La vie ultra-terrestre ne saurait être un repos, un sommeil, une contemplation ; elle est une action, car tout est activité, tout est effort pour atteindre plus haut ; et le mot d'ordre de tout ce qui existe doit être « Excelsior ». Le privilège de la vie ultra-terrestre consiste précisément en ceci : que ceux qui ont pu y faire leur entrée sont constitués en personnalités morales bien liées, à cohésion puissante, armées d'une énergie supérieure de pensée et de volonté. En outre, ces personnalités ont la vue plus claire de leur fin ; elles savent le but à atteindre, c'est-à-dire la perfection morale, et elles connaissent bien le chemin qui y conduit. Les yeux fixés vers l'idéal, elles peuvent travailler sans fatigue et avec joie à parcourir les étapes qui les en séparent. Ce travail continu, cette activité incessante pour un perfectionnement évolutif, constituent, pour ces âmes fortes, débarrassées des principales entraves de la vie terrestre, une source perpétuelle de joie vive, de force nouvelle et de rajeunissement. Voilà la conception rationnelle de la vie ultra-terrestre conforme à notre état moral : travail incessant et joyeux vers un perfectionnement incessant de l'être moral, avec une vue de plus en plus claire de l'idéal, c'est-à-dire de Dieu. Aucun de ceux qui ont connu les douceurs ineffables du travail heureux et de l'effort couronné de succès pour atteindre un but élevé, ne contestera qu'il n'y ait là pour la vie future une récompense digne de ceux qui ont, pendant la vie terrestre, dépensé leurs forces et mis leur joie dans la réalisation du bien.

Mais si c'est là la conception supérieure que nous devons nous faire de la vie ultra-terrestre, il est clair que cette vie n'est que le prolongement de la vie terrestre normale et la conséquence du perfectionnement acquis de la personnalité morale. Cette vie future ne peut résulter, en effet, que des efforts incessants dépensés pour la conservation et le raffermissement de la personnalité.

Dans ces conditions, quelle peut être la pénalité infligée à ceux qui ont accompli l'œuvre contraire, en laissant leur personnalité incomplète, faible, désorientée, ou en la livrant à la dissolution? Ce ne peut être que la mort définitive, c'est-à-dire la perte de la personnalité. L'être ruiné et incohérent ne trouve pas en lui des forces suffisantes pour rester lui-même, et pour suffire au labeur de la vie nouvelle; il disparaît comme groupement coordonné. Comme le corps terrestre qui se décompose et se désagrège pour rentrer dans la constitution d'autres êtres ou de la matière brute, la personnalité morale décomposée voit ses éléments plus ou moins dispersés, et appelés à de nouvelles destinées.

La mort définitive de l'être correspond donc à la conception la plus élevée que nous puissions nous faire de la sanction pénale future.

L'objection qui consiste à dire que cette sanction n'est pas suffisante pour inspirer à la plupart des hommes la fuite du mal, n'a pas au fond grande valeur.

Il est vrai, en effet, que la perspective de la mort éternelle n'est pas un motif de crainte suffisant pour un grand nombre d'hommes, et quelle ne peut avoir de l'influence que sur quelques-uns d'entre eux. Mais quels sont-ils, ces hommes qui se préoccupent du prolongement de leur personnalité dans une existence plus élevée ? Ce sont ceux qui ont compris la valeur et la dignité de la vie, ce sont ceux qui, perpétuellement en lutte avec eux-mêmes pour devenir meilleurs, ont souffert de leur impuissance et gémi de leurs chutes ; ce sont ceux qu'a toujours soutenus, dans cette lutte ardente contre le mal, l'espérance d'une vie où la victoire du bien serait assurée ; ce sont ceux qui, ayant connu la douleur morale, l'affliction, l'épreuve, l'ont dignement supportée, en regardant à cette existence ultra-terrestre, à cette terre « où la justice habite », où le mal est vaincu, et où le cœur peut s'épanouir sans blessures.

Pour ceux-là, il importe de vivre ; pour ceux-là, la vie ultra-terrestre a un prix inestimable, et la mort définitive constitue une perte sans nom.

Viendrait-il à la pensée de quelqu'un que, la perspective de la vie future étant une récompense promise, est de nature à faire de l'accomplissement du devoir l'œuvre d'un calcul intéressé, et que mieux vaut l'homme qui fait le devoir pour le devoir, en dehors de l'attente de toute rémunération? S'il était possible que quelqu'un pût penser ainsi, après nous avoir entendu, nous lui ferions remarquer que, pour nous, la récompense du labeur n'est que la perspective de nouveaux labeurs, que la récompense du bien moral n'est que la perspective d'un bien moral supérieur, que la récompense des efforts pour la constitution de la personnalité morale, c'est la possibilité d'une nouvelle série d'efforts, pour porter encore plus haut cette personnalité ; et que nous ressemblons fort à un général qui, pendant la bataille, promettrait comme récompense aux plus braves, non le repos et l'oisiveté, mais de nouveaux combats et de nouveaux assauts.

Pour qu'un tel mot d'ordre fût entendu, ne faudrait-il pas que les combattants fussent des braves? On ne saurait en douter, pas plus qu'on ne saurait nier que les hommes qui travaillent à leur perfectionnement terrestre, en vue d'acquérir le droit de continuer après la terre cette série de perfectionnements laborieux, ne puissent être regardés comme les meilleurs représentants de l'humanité, comme ceux qui se font du rôle de l'humanité l'idée la plus haute et la plus noble.

S'il en est ainsi, on ne saurait douter que la valeur de la vie ultra-terrestre, et que le prix qu'il faut y attacher, représentent, comme sanction future de la loi morale, la conception la plus élevée et la plus conforme à l'état moral supérieur.

Auprès des êtres restés dans des rangs moins élevés de la vie morale, je conçois que les peines éternelles jouent un rôle plus efficace que la crainte de la mort définitive. Mais pour nous qui recherchons la vérité, et qui voulons la puiser dans les sources les plus pures, cette considération pratique et utilitaire n'implique en rien la réalité de cette sanction par la douleur sans fin.

Ceux qui prennent en main la cause de la nécessité des peines éternelles comme frein utile pour le méchant, représentent assez exactement ceux qui voudraient le retour des peines corporelles, de la bastonnade, etc., comme moyens de maintenir dans l'armée le bon ordre et la discipline. Oui, il est vrai, qu'il y a quelques centaines d'années, ces peines corporelles étaient utiles, nécessaires même ; car ni la réprimande, ni la dégradation, ni la déconsidération, ni les sentiments élevés de gloire, d'honneur, de patrie, n'eussent toujours suffi à maintenir des troupes grossières, brutales et barbares dans le chemin du devoir. Si, à cette époque, un général eût dit : « les peines corporelles dégradent l'homme et le soldat ; je les supprime ; les peines surtout morales, la prison, les arrêts, la dégradation, les réprimandes, doivent suffire, et constituer la pénalité digne du soldat actuel », il se fût certainement trompé. Le soldat d'alors n'était pas suffisamment imprégné de sentiments moraux et délicats pour éprouver les effets d'une pénalité de cet ordre.

Eh bien, cette pénalité, insuffisante à cette époque, est devenue suffisante pour une époque ultérieure, pour un état plus distingué et plus moralement sensible de l'homme moderne. Mais, de ce que la pénalité corporelle a eu son rôle utile, faut-il conclure qu'elle soit indispensable et qu'elle réponde mieux que la pénalité morale aux besoins de la nature humaine ? Bien s'en faut. La pénalité corporelle ne s'adapte qu'à un état moral encore inférieur et imparfait, à l'enfance de l'âge, de la civilisation, et aux phases initiales de l'éducation morale.

Je conclus donc, avec quelque raison, que la conception de la pénalité ultra-terrestre doit être dictée non par l'effet pratique qu'elle produit sur les natures inférieures, mais que très légitimement au contraire, on doit s'attacher dans cette conception à une solution digne des natures morales les plus élevées et des hommes qui se sont fait de la vie et de son but la notion la plus parfaite. C'est pourquoi la vie vouée au labeur en vue de l'élévation constante de la personnalité morale, d'une part, et la mort définitive d'autre part, nous paraissent-elles, à ce point de vue, constituer les vraies sanctions de la loi morale dans un prolongement ultra-terrestre de la vie.

Dans la prochaine et dernière conférence, nous examinerons quelques corollaires des idées précédemment exposées, et nous tirerons de toute cette étude quelques conclusions pratiques.

SEPTIÈME CONFÉRENCE

Que faut-il entendre par personnalités fortes et faibles ?
Critique biologique de la doctrine du salut universel. —
Questions délicates. Immortalité de l'enfant. Immortalité
de l'être mentalement atteint. L'âme des bêtes. Son rôle
dans l'évolution. Peut-elle être immortelle ? L'immortalité et la morale. Immortalité des œuvres. L'immortalité et la question sociale. Conclusion pratique de ces
Conférences.

De notre dernière conférence il résulte que l'immortalité ultra-terrestre serait le lot exclusif des âmes qui sont parvenues à un degré suffisant de cohésion et d'intégrité pour échapper à l'absorption ou à la désagrégation, c'est-à-dire à la mort définitive. C'est là une solution qui découle du contenu de nos conférences précédentes. Elle nous paraît logique et rationnelle : et nous l'adoptons pleinement.

Mais, avant d'aller plus loin, j'éprouve le besoin de préciser encore, et d'expliquer certains termes dont je me suis servi, afin qu'il ne subsiste aucune équivoque dans mon exposition et aucune méprise dans l'esprit de mes auditeurs.

Il pourrait se faire, en effet, que les mots de personnalités fortes, de personnalités faibles eussent, malgré moi, pris dans l'esprit de quelques-uns un sens tout autre que celui que j'ai voulu y attacher. Cela est d'autant plus possible que le mot de personnalité a revêtu dans le langage usuel un sens qui s'éloigne notablement de celui que je lui ai attribué. Personnalité est devenu dans bien des cas synonyme de personnage, de caractère, d'homme marquant, d'homme parvenu à une situation influente et puissante, ayant conquis ou des droits ou des pouvoirs sur ses semblables, sur ses concitoyens. On a également désigné par là des personnes se distinguant des autres par quelque particularité saillante, par quelques aptitudes spéciales qui les mettent en évidence, et qui en font des hommes exceptionnels, des hommes remarqués. Ces significations diverses font, en général, abstraction plus ou moins complète de la valeur morale de la personne, pour s'attacher avant tout à ce qui, en elle, attire l'attention, et en fait un personnage soit historique, soit politique, soit scientifique, soit artistique.

Ce n'est certes pas à ce sens que je me suis attaché dans les conceptions que j'ai exposées.

J'aurais eu grand tort de le faire ; et cela pour plusieurs raisons : d'abord, parce que ces personnalités sont loin, dans la plupart des cas, d'être ce qu'il y a de meilleur dans l'humanité. C'est parmi elles, en effet, que se trouvent les conquérants qui ont désolé la terre, les potentats et les tyrans qui ont abaissé, bâillonné et fauché l'humanité ; les orgueilleux et les ambitieux qui ont froissé, blessé leurs frères et les ont foulés aux pieds ; les persécuteurs qui ont étouffé la voix de la liberté morale et nivelé les consciences ; les représentants des grandes élégances et des grandes jouissances, qui ont accaparé à leur profit et vaporisé en quelques instants de plaisir le fruit du labeur prolongé des autres et le pain des multitudes. Il y a aussi là de fortes volontés et des énergies peu ordinaires ; aussi les considère-t-on comme de fortes personnalités. Je n'ai pas cependant besoin de vous dire que ce n'est pas à elles que, dans ma conception, je réserve la force et l'immortalité. Plus, en effet, il y a en elles de force de volonté et de capacité pour réussir, plus elles sont malfaisantes et indignes de vivre.

Non, ce n'est pas seulement dans la volonté et dans le pouvoir d'agir que réside la force, la vraie force de la personnalité. J'ai compris, sous le nom de personnalité, un groupement d'éléments psychiques devenus solidaires et coordonnés, groupement parvenu à la conscience de son identité relative et capable de concevoir sa fin et de vouloir la réaliser. La valeur de la personnalité ne réside donc pas seulement dans la dose ou dans la quantité de la volonté ; elle réside surtout dans l'orientation donnée à cette volonté, dans la direction imprimée aux énergies.

En évolutioniste logique, je considère que c'est dans le sens de la tendance et de l'impulsion évolutive que se trouve le grand courant de forces qui peut donner à l'effort de la volonté toute sa valeur dans l'édification de l'édifice organo-psychique, capable d'immortalité. Engager son embarcation dans ce courant, c'est justement l'œuvre de la volonté, et c'est mettre à son service une force immense et intarissable qui la conduit sûrement au port. L'exposer, d'autre part, dans une lutte contre le cours irrésistible du fleuve, c'est la condamner sûrement à l'impuissance et à la submersion finale. Et plus il sera dépensé d'énergie et de volonté, dans cette marche rétrograde, dans cette lutte contre le courant, plus les chocs et les frottements seront redoutables, et plus les forces du courant évolutif seront efficaces pour démolir et désagréger cette embarcation confiée à un pilote mal avisé et malfaisant.

Or, quel est le sens du courant évolutif? Nous ne pouvons douter qu'il ne soit dirigé vers l'épanouissement continu et progressif de la conscience morale et du sentiment de l'obligation. L'observation nous le démontre, soit dans l'histoire de l'humanité, soit dans celle de l'évolution animale (1).

Ainsi donc, le sens moral, la conscience morale, la distinction de plus en plus nette du bien et du mal, le sentiment de l'obligation, de l'impératif catégorique, ont suivi une marche ascendante dans l'évolution du règne animal et des sociétés humaines. Le sens moral s'est approfondi et affiné. Il connaît aujourd'hui des délicatesses qui lui étaient autrefois étrangères. C'est donc là le sens du courant évolutif. On n'a donc pas de peine à concevoir que les volontés, quelque énergiques qu'elles puissent être, usent leur virtualité et leurs efforts contre cette force supérieure. Si la volonté est le lien réel qui peut maintenir intact le faisceau personnel et moral, quoi d'étonnant que la volonté mal orientée ne livre ce faisceau à la dislocation et à la désagrégation ?

La force de la personnalité immortelle, la source de sa cohésion durable et de son immortalité ne réside donc pas tant dans l'énergie de la volonté que dans l'orientation de la volonté, que

(1) Consulter sur ce point l'article que j'ai publié sur l'*Orientation de la méthode en évolutionisme* dans la *Revue de Métaphysique et de morale*, n° du 15 janvier 1895.

dans la conformité de sa direction avec la direction de la tendance évolutive.

De là dérivent quelques corollaires que nous devons en déduire rapidement.

Tous les groupements psychiques ne sont pas égaux. Tous les groupements psychiques ne représentent certainement pas des masses psychiques semblables, des quantités semblables. Ici, comme pour la masse du corps, il y a certainement des différences. Il y a des âmes riches en éléments psychiques ; il y en a de moins opulentes. Il y a de grandes âmes ; il y a des âmes plus humbles. Or, il me semble ressortir de ce que nous venons d'exposer, que l'immortalité n'est certes pas le don exclusif des grandes et puissantes personnalités morales, de celles qui représentent un groupe psychique important, où une grande volonté est mise au service de grandes facultés intellectuelles et d'une haute conception morale savamment analysée, et déposée dans de belles et lumineuses formules.

Non, nous ne prétendons pas réserver l'immortalité à une aristocratie de penseurs, d'hommes éminents, de philanthropes et de moralistes illustres. C'est à une aristocratie du cœur et de la conscience morale qu'elle nous paraît appartenir. Des faisceaux organo-psychiques personnels, chez lesquels la puissance de la pensée est encore très humble, possèdent cependant la condition essentielle de l'immortalité, si leur volonté est décidément orientée vers le devoir, vers le bien, vers l'amour des autres, en un mot dans le sens de l'évolution. Pour poursuivre la comparaison dont j'ai usé plus haut, le courant de l'évolution est un fleuve dont les flots portent naturellement vers le port, c'est-à-dire vers cette immortalité qui doit permettre de réaliser l'idéal, aussi bien le frêle esquif poussé par un faible aviron que les grands navires et les cuirassés d'escadre qui recèlent dans leurs flancs de colossales énergies. Le fleuve de l'évolution prêtera aux unes comme aux autres la force de ses flots pour les transporter vers la terre promise, à condition qu'ils gouvernent dans le sens de son courant. Ou bien encore l'évolution est comme une voie royale que peuvent également parcourir le grand naturaliste, le grand géographe, qui pendant le cours du voyage font du pays une savante étude, et le simple touriste qui ne peut aller au delà de l'aspect général et d'une vue de surface. Les uns et les autres parviendront au même terme et dans la même contrée, s'ils appliquent leur volonté à suivre fidèlement la même voie. Ceux-là seuls qui, obéissant à des désirs coupables, s'égareront dans les voies détournées ou contraires qui mènent aux fondrières ou aux marécages, y trouveront une fin assurée.

C'est ainsi que l'ouvrier ignorant, que la modeste

mère de famille, que l'humble laboureur, que le charbonnier (pour employer une expression bien connue), suivent à pas assurés la voie de l'immortalité, pourvu que dans le sentiment du devoir à remplir ils dirigent leur volonté avec simplicité et droiture vers l'accomplissement de leur fin, c'est-à-dire conformément à l'orientation de l'évolution naturelle, telle que nous la révèle l'étude de la nature, c'est-à-dire encore vers l'affirmation de plus en plus complète de l'être moral.

Voilà des corollaires qui nous semblent logiment établis, et qui permettront d'éviter toute méprise sur la valeur réelle des conditions que nous plaçons à la base de l'immortalité. Après les avoir lus, on ne pourra douter, que pour nous, la cohésion et la coordination capables d'assurer la permanence du faisceau organo-psychique per-personnel, sont, d'une part la force de vouloir, et d'autre part, surtout l'orientation de la vie morale dans le sens de l'évolution.

Je ne puis passer sous silence une solution de la question de l'immortalité qui repose, comme la précédente, sur la considération de la bonté divine, et qui même a la prétention de donner, seule, à cet attribut de Dieu tout le rôle et toute l'importance qui lui reviennent. Je veux parler de l'opinion connue sous le nom de « Doctrine du rétablissement final » ou du « salut universel », et aux yeux de laquelle toute âme humaine, quelle que soit la dignité ou l'indignité de sa vie terrestre, est appelée à parvenir à l'immortalité personnelle dans la perfection morale, à travers des étapes et des épreuves purificatrices d'une durée plus ou moins longue. Ceux qui se rattachent à cette solution la trouvent seule capable de répondre à l'idée de la bonté parfaite et à l'immensité de l'amour divin : Dieu, disent-ils, est infiniment bon, mais il est, aussi, infiniment puissant. Rien ne saurait donc s'opposer à ce que toute satisfaction soit donnée à sa bonté. Or, cela ne serait pas, si un seul homme était soustrait aux effets de son infinie miséricorde. Le coupable ne saurait sans doute avoir, d'emblée, les mêmes privilèges que l'innocent. Mais rien ne s'oppose à ce que, après une série d'épreuves suffisantes et d'une expiation éducatrice convenable, il ne retrouve un jour son aptitude à l'immortalité.

Cette opinion, qui part, nous n'en doutons pas, d'une louable sensibilité, peut être défendue ou combattue, avec un égal succès, par des arguments empruntés à la raison et à la théologie. A ceux que j'ai déjà résumés, et qui sont invoqués par ses partisans, on peut en opposer d'autres dont la valeur ne me paraît certes pas inférieure aux premiers. On peut, en effet, se demander, si la notion de la sensibilité divine qui l'a dictée, n'est pas d'un anthropomorphisme grossier et mal éclairé, et si l'on ne prête pas à Dieu une sensibilité à vues courtes et à horizons bornés. En montrant l'amour de Dieu froissé de la disparition d'un être qui *eût pu vivre*, ne lui prêtons-nous pas notre disposition, trop fréquente, à déplorer des événements dont nous n'apprécions que très imparfaitement la raison, la portée et les conséquences ? Et puis, dans cette immortalité nécessaire, obligatoire, dirai-je, ne peut-on pas voir une atteinte portée à la liberté ? Pourquoi Dieu condamnerait-il à vivre un être libre qui a dirigé les efforts de sa volonté vers la désagrégation et vers la destruction de lui-même ?

Voilà bien des difficultés soulevées par la doctrine dite du salut universel ; et je ne crois pas qu'on puisse leur faire une réponse tout-à-fait satisfaisante. D'autres objections pourraient encore lui être opposées ; mais ce n'est pas en théologien ou en métaphysicien que j'envisage ici les questions. C'est, plutôt, en homme de science, en observateur et en biologiste évolutionniste. A ce point de vue, je dois dire que rien de ce que je connais à cet égard, rien de ce que la biologie évolutioniste nous fait concevoir, ne nous paraît clairement en faveur de ce rétablblissement final et de ce salut obligatoire.

Partout, dans la production et la propagation des êtres vivants, nous voyons des individus, et parfois même des groupes d'individus, qui, placés volontairement ou involontairement dans des conditions défavorables, sont prématurément et à jamais jetés hors de la vie individuelle ; partout, dans la masse de germes de toute espèce prêts à parcourir les phases de leur développement, il en est un grand nombre, et même le *plus grand nombre*, qui tombent inanimés et détruits ; partout il y a, relativement aux individus, des déchets, des pertes et des arrêts définitifs et prématurés. Et même, dans l'exemple d'immortalité que nous présente ici-bas le spectacle de la vie, c'est-à-dire pour le plasma germinatif, nous savons que l'immortalité n'est que potentielle et conditionnelle. Et cet être qui possède la virtualité de l'immortalité peut la perdre en se modifiant dans un certain sens, en portant atteinte à ses conditions primitives de vie ; et, quand il l'a une fois perdue, il ne saurait la reconquérir. Il ne demeure immortel qu'en maintenant les conditions intrinsèques et extrinsèques de son immortalité.

Voilà ce que nous enseigne l'observation pour le cycle de la vie terrestre, considéré dans sa totalité ; et, si c'est là ce que la bonté de Dieu a établi dans la sphère du monde biologique, pourquoi serait-il contraire à cette même bonté de l'établir dans le monde psychologique ? Ces deux mondes sont-ils si profondément différents, que ce qui est justice et bonté pour l'un d'eux, fût injustice et cruauté pour l'autre ? Ne savons-nous pas, par ce qui précède, ce qu'il faut penser de cette différence ? Les lois de la vie et les lois de l'esprit sont, au fond, les mêmes lois, parce que la vie est le fruit de l'esprit, et que l'esprit est la source de la vie.

Cette destruction, prématurée ou tardive, des organismes et des âmes, a, je le sais, quelque apparence de jeu fantasque et de gaspillage enfantin, qui, tolérés sans révolte par notre raison, tant qu'il s'agit des êtres inférieurs, semble prendre un caractère rebutant et presque odieux, lorsqu'il s'agit de la personnalité humaine. Mais il faut réfléchir, d'abord, que ce n'est pas l'être psychique parvenu à la personnalité normale qui peut recevoir les atteintes du destructeur. Ce dernier n'a de prise, en effet, que sur les groupements psychiques imparfaits, incohérents et mal orientés. Et, quant aux organismes mortels et aux faisceaux psychiques relâchés ou dévoyés, leur dislocation ne constitue pas, pour l'ensemble du monde créé, une perte réelle ; car, quelle que soit notre ignorance sur ce point, nous avons assez observé pour penser qu'en réalité rien ne se perd de l'effort constitutif de la nature, que la matière et les énergies sont toujours utilisées, et qu'il n'y a, dans l'harmonie générale, ni résulat vain, ni travail perdu, et que ces groupements imparfaits pourront revivre comme parties de groupements plus parfaits.

Notre conception, qui nous paraît justifiée, du rôle de la phase terrestre dans l'évolution, nous paraît rendre inutile toute nouvelle période d'épreuve. Il nous apparaît clairement, que le cycle terrestre a eu pour fin l'accumulation et l'organisation de l'esprit en personnalités, c'est-à-dire en groupements autonomes, libres et conscients, capables de choisir entre le bien et le mal, entre l'immortalité et la mort. Si cette période de réflexion et d'option n'est pas employée, ou est employée à repousser la vie, la nécessité d'un nouveau cycle pour l'option ne s'impose certes pas. Et d'ailleurs, dans ce nouveau cycle, la liberté devrait subsister, et, si grâce à elle, la volonté persistait à repousser la vie, faudrait-il un troisième cycle ? qui n'en exclucrait pas un quatrième, lequel pourrait être suivi d'un cinquième, et ainsi de suite, sans que nous puissions en prévoir la fin. Il y a là une bonne volonté d'immortaliser tous les hommes, quelle que soit leur moralité, qui tend à enlever à l'immortalité tout caractère de liberté et, par conséquent, de moralité. C'est l'immortalité obligatoire, qui peut à la rigueur se passer du consentement de l'être moral. Nous avouons qu'elle ne nous inspire qu'un médiocre intérêt.

Nous pensons donc que, s'il y a des âmes qui acquièrent l'immortalité, d'autres perdent, au contraire, la vie et se décomposent. C'est là ce que paraît nous enseigner l'étude de la vie terrestre et la réponse rationnelle et, en partie du moins, expérimentale (puisqu'elle s'appuie sur l'étude de la vie) à la question de l'au delà,

Et cependant, nous ne nous dissimulons pas que cette réponse ne résout pas toutes les difficultés, et qu'il peut se poser, à son sujet, des questions fort embarrassantes.

Puisque nous faisons de l'immortalité la conséquence de l'acquisition de la personnalité morale, par l'effort volontaire bien dirigé, par le travail conscient, quel est le sort des enfants qui n'ont pu encore travailler, coopérer d'une manière bien notable à la constitution de cette organisation psychique, et qui ont quitté ce monde prématurément?

Voilà une première question qui se pose et dont l'examen exige, de notre part, une grande délicatesse de touche et une circonspection mêlée de tendresse, car nous n'ignorons pas combien sa discussion et sa solution peuvent provoquer de vifs mouvements de sympathie ou de violentes répulsions dans les cœurs maternels.

Il n'entre certainement dans l'esprit d'aucun d'entre nous de considérer l'embryon humain, dans ses phases les plus simples et les plus primitives de développement, comme doué d'une âme immortelle.

Non, nous avons le sentiment qu'il n'y a pas encore là une organisation psychique suffisamment caractérisée et unifiée, pour lui octroyer une survivance assurée.

A quelle époque de la vie enfantine, à quel âge, à quelle période de développement de l'enfant, y a-t-il quelque chance que soient réalisées des conditions d'immortalité? Nous n'en savons rien, absolument rien ; nous ne pouvons même rien présumer, et toute dissertation à cet égard serait vraiment oiseuse.

Je formulerai cependant une réflexion. L'âme de l'enfant ne saurait être assimilée à l'âme du dégradé et du dissolu. L'âme de l'enfant représente un groupe encore incomplet, une accumulation encore faible de psychique, un degré d'organisation et de cohésion encore imparfait. Mais, dans l'âme de l'enfant, le principe intérieur d'évolution, la tendance évolutive et progressive et, par conséquent, l'orientation évolutive inconsciente, sont non seulement intacts, mais très puissants. L'âme de l'enfant a une grande puissance de devenir, qui est capable de constituer, pour ses éléments, un lien d'une certaine importance. Il y a là un certain élan qui représente une force réelle. C'est une maison qui se bâtit, et dont les matériaux jeunes et sains sont reliés par un ciment qui est en train de faire prise.

Dans l'âme du dissolu, au contraire, le principe évolutif et progressif est détruit ; les liens, loin de se consolider, sont en voie de relâchement ; la puissance de devenir est remplacée par la tendance à l'anéantissement. C'est un édifice vieilli et vermoulu qui tombe en ruines, et dont les matériaux usés et altérés se séparent et s'abandonnent, par suite de la détérioration du ciment qui les reliait. C'est un ressort brisé, et irréparablement brisé.

Il faut donc penser qu'une destinée différente est réservée à des groupements psychiques si différents. Si le groupement psychique du dissolu paraît condamné à une désagrégation définitive et sans retour, il n'est pas impossible de considérer l'âme enfantine, arrivée à un certain degré de cohésion, comme un germe capable d'entrer dans la vie ultra-terrestre, pour y poursuivre son développement, dans des conditions nouvelles et plus favorables. Ici-bas, le faisceau psychique de l'âme enfantine s'élabore et se constitue dans le même milieu que le faisceau psychique de l'homme fait. La graine et l'arbre, quoi que parvenus à des degrés différents de développement, vivent et se développent dans le même sol, avec quelques différences de processus qui sont plus apparentes que réelles. Il pourrait en être de même pour l'âme de l'enfant et pour celle de la personnalité complète, s'il est vrai, comme je le crois, que la vie ultraterrestre n'est que le prolongement de la vie terrestre.

L'âme de l'enfant pourrait, au premier abord, être plutôt rapprochée de ces âmes que nous avons qualifiées d'impersonnelles et au sujet desquelles nous nous sommes demandé s'il n'y aurait pas, pour elles, chance d'être absorbées par des âmes mieux constituées. Mais la comparaison laisse cependant beaucoup à désirer. Les âmes faibles et abandonnées constituent des groupements dans lesquels les forces vives se sont émoussées, d'où le lien de la volonté a presque disparu, et où l'élan évolutif, c'est-à-dire la vitesse acquise et emmagasinée, est épuisée. Ce sont des ressorts relâchés et détendus.

Tout autre est l'âme de l'enfant, faisceau où le désir inconscient de la marche en avant est très vif, où la volonté n'a pas subi d'altération, où la puissance de devenir est éclatante. L'âme de l'enfant est un ressort tendu dont la tension croît rapidement. L'âme de l'enfant est un projectile qui parcourt rapidement la partie initiale de sa trajectoire. Si un obstacle vient s'opposer à son libre passage, il y a en lui assez de force vive pour ricocher et fournir un nouveau trajet dans un autre champ de l'espace. L'âme de l'impersonnel est un projectile qui arrive à la fin de sa course ayant perdu l'énergie initiale ; il est l'esclave de la pesanteur qui va le coucher immobile sur le sol ; et il y resterait à jamais, si un nouveau propulseur né s'emparait de lui pour lui imprimer un nouvel élan.

On est donc encore ici en droit de penser qu'une destinée différente est réservée à des groupements psychiques qui présentent entre eux des différences si importantes ; et que l'âme enfantine est capable de rester pour un temps indéterminé, circonscrite et autonome en vue d'un développement ultérieur.

C'est là une solution entièrement hypothétique, que l'on peut aussi bien accepter que repousser. Rien de ce que nous savons ne nous permet de la vérifier, mais elle n'est certes pas contraire aux données de la raison.

Mais si l'enfance est pour nous l'occasion de questions embarrassantes, la vieillesse et les dégradations psychiques qui marquent souvent la fin d'une vie prolongée nous réservent des difficultés plus sérieuses encore, devant lesquelles nous nous trouvons bien impuissants. Posons la question sur le terrain des faits. Ce sera le moyen de la rendre claire et tangible.

Un homme a développé sa personnalité morale par l'effort, par le travail, par la lutte contre le mal, et par la recherche du bien. Cet homme, parvenu à l'âge mûr, a constitué en lui un groupement psychique bien lié et bien organisé. S'il meurt alors, cet être psychique et sa forme éthérée entrent, pensons-nous, à pleines voiles dans la vie ultra-terrestre et jouissent du privilège de l'immortalité.

Mais cet homme ne meurt pas ; sa vie se prolonge, il connait la vieillesse et même la décrépitude. A une intelligence vive et ouverte, succède un esprit alourdi et fermé ; une sensibilité obtuse remplace une exquise délicatesse du cœur ; l'être moral peut même paraître avoir perdu sa rectitude et sa norme. Doué autrefois d'une énergie indomptable, il est maintenant faible et débile ; la résolution et la volonté ont fait place à l'irrésolution et à l'incapacité de vouloir. Des altérations plus graves même peuvent survenir, et la raison se troubler.

C'est alors que la mort terrestre survient. Quel sera le sort de cette âme ? Elle est certes bien différente de celle qui brillait dans l'homme jeune et complet qui a vécu les premières phases de la vie terrestre. L'opposition est frappante ; et si l'âme virile de ce dernier paraissait posséder cette cohésion et cette organisation supérieures qui sont les conditions essentielles de l'immortalité, l'âme du vieillard décrépit ou caduc n'est-elle pas vouée irrévocablement à la désagrégation finale, dont elle présente déjà tant de marques ?

Une réponse affirmative paraît ici toute naturelle ; et cependant, elle ne l'est pas entièrement. Il entre, en effet, dans l'étude du problème, des données et des considérations dont il n'a pas été tenu compte. Reportons-nous encore, pour nous éclairer, sur le terrain de l'exemple choisi.

Nous avons considéré un homme vaillant et ferme parvenu à la constitution de sa personnalité morale capable d'immortalité. Qu'est-ce à dire ? Sinon que cet homme a formé en lui un faisceau psychique cohérent et bien orienté, mis désormais à l'abri de la dissolution, et qui a pu se créer un nouvel organisme capable d'assurer sa permanence. Il y a là déjà un être moral indestructible, et que les influences du dehors ne sauraient atteindre dans ses forces vives. D'ores et déjà, la personnalité est immortelle. Il ne saurait, en effet, venir à la pensée de faire dater l'immortalité de l'heure même de la mort. L'immortalité et les conditions essentielles qui s'y rapportent, commencent à l'heure de la vie, où l'être l'a conquise, à l'heure où il en est devenu digne. C'est pendant la vie qu'a lieu cette conquête, et l'homme est immortel avant que de mourir.

Surviennent maintenant la vieillesse et ses abaissements dus à des altérations cérébrales. Le centre accumulateur et organisateur s'affaiblit et se détériore ; sa nutrition se modifie dans un sens défavorable ; ses éléments perdent leur élasticité et leur vitalité ; leur jeu devient lourd et lent ; il peut même se fausser et s'altérer profondément, par suite d'altérations pathologiques. Que résulte-t-il de tout cela ? La personnalité morale et son organisme éthéré sont-ils nécessairement atteints eux-mêmes par ces rétrogradations ? Il y a quelques raisons de croire le contraire.

L'observation de ce qui se passe dans le cours des traumatismes cérébraux, ou de certaines lésions curables du même organe, me paraît de nature à nous donner, sur ce point, quelques indications utiles. Un homme est frappé en pleine santé intellectuelle et morale. Un coup violent, un choc énergique produisent, sur quelques points de la voûte crânienne, des désordres tels que des os sont fracturés, qu'ils font saillie dans la cavité crânienne et compriment le centre cérébral. Aussitôt, l'être psychique semble avoir disparu. La pensée, la volonté, la conscience restent sans manifestation, ou sont profondément troublées. La personnalité s'est-elle décomposée, s'est-elle altérée profondément? Mais si l'homme de l'art intervient habilement, si, par des manœuvres savantes, il soulève les fragments osseux déplacés, s'il supprime la cause des troubles fonctionnels, aussitôt reparaissent l'intelligence, la volonté et la conscience, et la personnalité semble renaître. Et ce n'est pas une personnalité nouvelle; c'est bien l'être pensant antérieur à la lésion, puisque la mémoire et la responsabilité, la conscience de l'identité, renouent complètement les relations entre ce dernier et celui qui vient de reparaître. Cette suspension ou ce trouble dans les manifestations de la personnalité, peuvent, d'ailleurs, se prolonger, dans certains cas, d'une manière assez prononcée, sans qu'il y ait destruction ou altération de cette dernière. Certains abcès de la région céphalique, certaines tumeurs à marche lente, certaines altérations générales du sang ou des tissus, peuvent être la cause de troubles prolongés; et cependant leur cure heureuse, soit par l'intervention chirurgicale, soit par des traitements internes convenables, permet à la personnalité normale de se manifester à nouveau et de témoigner, par là, de sa continuité et de sa conservation, malgré les éclipses ou les troubles imposés à ses manifestations par une altération du centre cérébral et des conditions normales de vie.

Il peut donc y avoir, sous l'influence de causes de cet ordre, une personnalité devenue latente et, pour ainsi dire, en puissance, qui, ces causes écartées, redeviendra un groupe dynamique, centre d'activité normale.

Que si nous supposons, maintenant — et c'est ce que nous avons fait — qu'il s'agit d'une personnalité psychique ayant atteint les conditions de cohésion et d'harmonie qui la rendent indissoluble et indécomposable, il y aura quelque raison de penser que cette âme indestructible et son organisme éthéré peuvent être conservés au sein même d'un milieu cérébral altéré, qui fausse leur manifestation. Ils ont, en effet, acquis l'immortalité. Ils ne sauraient être détruits ; mais ce qui est altéré et modifié, ce sont leurs manifestations. Gênés, opprimés même par l'organisme terrestre altéré, ils sont réduits soit au silence, soit à des manifestations infidèles et trompeuses, incohérentes et troublées, résultant, à la fois, de l'altération du cerveau périssable et d'un défaut d'entente et d'harmonie entre les deux centres ou organismes cérébraux coexistants.

Il faut examiner, d'ailleurs, si, chez l'homme qui a atteint la stature normale capable de lui assurer l'immortalité, la rétrogradation est encore possible.

Il est bien difficile d'admettre que, dans un état normal, la volonté libre et consciente qui a été assez ferme et éclairée pour nouer solidement le faisceau de la personnalité morale, puisse se retourner contre son œuvre et travailler à la renverser. Pour que l'être moral fût susceptible de revenir en arrière, il faudrait que la volonté n'eût pas été capable de compléter son œuvre et de donner à l'être moral sa stature normale. La volonté d'un esprit sain ne saurait travailler contre elle-même. Mais il reste à savoir si l'action faussée de la volonté n'est pas capable de détruire l'œuvre édifiée précédemment et conduite à bonne fin par une volonté ferme et saine. Il y a peut-être là une différence de puissance en faveur de ce qui est normal et selon l'ordre qui peut garantir la personnalité de la destruction. Peut-être l'œuvre de la volonté altérée n'est-elle qu'une œuvre apparente et de surface, qui laisse subsister l'œuvre, mieux construite et plus solide, de la volonté normale, qu'inspirait une raison bien assise et en possession de tout son pouvoir. Les troubles apparents ne sont, peut-être, dus qu'aux lésions cérébrales qui retentissent, momentanément, sur les manifestations de la personnalité morale liée à son centre éthéré. Peut-être n'y a-t-il là que des divergences inévitables, qui ne cesseront que lorsque la libération définitive se produira. L'organisme cérébral terrestre, précipité alors dans le tourbillon de la matière générale à vie sourde, permettra à l'organisme éthéré de reprendre sa liberté d'action, de recouvrer toute son indépendance, et d'entrer dans la vie supérieure. Tant qu'il était attaché à l'organisme corporel vieilli et altéré, il était comme un lion emprisonné dans une cage trop petite et mal conformée, qui empêchait ses mouvements et faussait ses attitudes ; mais quand la cage s'ouvre et que l'hôte royal en a franchi la porte, il peut traduire la puissance de sa musculature par des allures dignes de lui.

La personnalité immortelle attachée à une enveloppe mortelle caduque et altérée, semble encore comparable à la graine enfermée dans un fruit dont la chair ramollie et blettie s'altère et se désagrège, tandis que la semence, plongée dans cette pulpe décomposée, mûrit en silence, pour manifester un élan de vie et sa puissance évolutive, quand, devenue libre et dépouillée, elle aura pu pénétrer dans le sol qui doit la nourrir.

Je comparerai encore la personnalité immortelle comprimée et étouffée dans ses manifestations supérieures par un organisme altéré et dégradé, à cette pulpe d'insecte sous l'enveloppe inflexible et immobile de laquelle se sont déjà constitués : un nouvel appareil musculaire, qui est condamné pour quelque temps à l'immobilité ; des organes des sens nouveaux dont le jeu est encore rendu obtus et grossier ; un appareil digestif nouveau, dont les fonctions sont suspendues ; un système respiratoire nouveau qui ne peut se déployer et s'épanouir que d'une manière imparfaite. L'organisme ancien et primitif a a été presque complètement altéré et détruit, et un autre a pris sa place ; mais les manifestations de ce dernier sont comprimées et réduites au silence. Et cependant, la vie organique de l'insecte parfait est là en puissance, et près d'éclater ; et elle éclatera, en effet, quand les restes de l'organisme ancien auront été dépouillés, quand l'enveloppe gênante et oppressive aura été déchirée et rejetée. Ainsi, la personnalité immortelle pourrait, au jour de la mort, dépouiller l'enveloppe caduque, le corps détérioré, pour entrer, avec son organisme nouveau et plus parfait, dans le rayonnement libre et brillant de la vie éthérée. L'analogie ne me paraît certes pas forcée ; et on peut y trouver quelques éléments d'une réponse à la difficile question que nous nous sommes posée, et que je ne prétends certes pas avoir résolue. Sur ce terrain, la lumière nous fait grandement défaut, et nous devons nous contenter de modestes lueurs.

Bien des questions se poseraient encore et seraient dignes d'examen. Ainsi, devons-nous arrêter un instant nos regards sur les âmes des bêtes et sur le rôle qu'elles jouent, peut-être, dans la constitution d'organismes psychiques plus élevés. N'est-il pas vrai que la substance corporelle des plantes et la matière corporelle des animaux servent d'aliments par excellence à d'autres plantes et à d'autres animaux, et que les composés organiques élaborés par une plante ou par un animal pénètrent, le plus souvent, dans le corps d'une autre plante ou d'un autre animal, pour faire partie de sa constitution corporelle. Au point de vue de la substance corporelle, il y a entre les êtres inférieurs et les supérieurs une relation digne d'être notée. Les êtres inférieurs, minéraux, végétaux, animaux, représentent, en effet, tout autant de laboratoires où la substance s'organise, se perfectionne, s'affine, pour servir à la constitution des êtres supérieurs. Si bien que ces derniers résultent corporellement du travail d'élaboration et de perfectionnement des premiers, et qu'il y a un rapport nécessaire entre le travail de constitution des organismes inférieurs et la réalisation et l'achèvement des organismes supérieurs. Ces derniers, en effet, ne pourraient, pour se constituer, se passer du concours des premiers, qui sont donc dans une large mesure les artisans de la confection des organismes élevés. Et en effet, ils en préparent la substance. Les âmes des bêtes ne joueraient-elles pas, par rapport à d'autres bêtes, et même par rapport à l'homme un rôle semblable? Des groupements psychiques déjà formés par l'accumulateur nerveux d'un animal, ne sont-ils pas saisis et absorbés par l'accumulateur cérébral d'un autre être, pour entrer dans la composition d'un être psychique autre ou supérieur? Ce sont-là des questions qui peuvent se poser, et qui n'auraient certes rien de dégradant dans leur solution affirmative. Si l'âme des bêtes, comme celle de l'homme, est formée par des groupements, par des accumulations du psychique diffus, partout répandu par le Créateur, elles ont toutes une même origine et une même nature. Partout, en effet, existe le même souffle de vie. La seule différence qui puisse exister entre elles consiste dans la masse, dans la puissance, dans la cohésion et dans le degré d'organisation du groupement psychique. Si la fin de la création est la manifestation de plus en plus élevée de l'esprit, il n'y a rien d'impossible à ce que le Maître de l'univers ait voulu réaliser cette fin par des échanges et des migrations heureusement combinées. Peut-être faudrait-il voir, dans ces groupes zoologiques, dans ces embranchements du règne animal, qui semblent s'être arrêtés dans leur marche évolutive après avoir atteint un certain niveau, peut-être faudrait-il y voir, dis-je, des constructeurs de groupements psychiques destinés à être utilisés dans l'élaboration de groupements psychiques supérieurs. Ces groupes arrêtés et figés, — qui sembleraient dévoiler une certaine hésitation et un arrêt localisé dans la tendance évolutive, et qui pourraient faire accuser cette dernière d'imprévoyance et d'incapacité, puisqu'elle aurait dépensé en pure perte un labeur immense dans une œuvre incapable d'aboutir, — ces groupes, dis-je, trouveraient leur explication naturelle et suffisante dans ce fait, que leur lot spécial dans l'œuvre générale, n'était point la réalisation directe de la personnalité psychique, mais la préparation de groupements et de progrès destinés à fournir des matériaux choisis et spéciaux pour la perfection de cet édifice. Cet édifice, ils ne l'ont pas élevé dans leur groupe même ; mais ils ont préparé et taillé les pierres que devaient employer, pour l'élever, les groupes supérieurs. Que de formes, que nous croyons inutiles parce que notre vue est bornée, ont eu peut-être à remplir ce rôle considérable ! Et, d'autre part, quel champ riche et étendu, ouvert à la conception des rapports harmonieux qui relient les êtres entre eux, depuis le bas jusqu'au haut de l'échelle ! Et quelle voie magnifique et séduisante offerte à la justification et à l'explication de cette destruction immense et troublante pour la raison d'individus de toutes sortes et de tous degrés, depuis les êtres inférieurs jusqu'à l'homme, qui, quoi que détruits et perdus en apparence, vont revivre dans la constitution de groupements psychiques plus forts, plus complets et mieux organisés! Il n'y a dans la nature aucun effort perdu, aucune force gaspillée; tout se relie, se complète, s'harmonise; et là où notre regard voilé ne voit que désordre et destruction, règne à notre insu l'ordre et la réparation.

Y a-t-il des animaux chez lesquels la personnalité psychique, l'être moral a atteint un degré assez élevé, c'est-à-dire une orientation suffisante, pour qu'ils soient susceptibles de survivre en conservant leur autonomie et en devenant l'objet d'une évolution progressive individuelle acheminant à l'immortalité? La question est vraiment délicate. On ne saurait y répondre que par des présomptions. Mon impression est, je l'avoue, très favorable à l'affirmative; et il est certains animaux dont la vie, qui semble toute d'affection, de dévouement et d'abnégation, ne me paraît pas indigne d'être poursuivie dans un monde où elle puisse grandir et progresser. C'est là, je le répète, une simple impression, et je conçois qu'on puisse penser tout autrement.

Je me contente de ce coup d'œil rapide sur un côté de la question qui est certes digne de notre méditation, et qui est susceptible, dans tous les cas, de nous inspirer plus d'égards et de respect pour ces êtres inférieurs qui sortent avec nous de la main du même Père, avec lesquels notre consanguinité est plus directe que nous ne voulons le croire, et auxquels nous devons peut-être d'avoir laborieusement construit pour nous les meilleures parties de nous-mêmes.

Le moment est enfin venu de terminer ces conférences, qui ont pris sous ma plume une étendue démesurée. Je vais consacrer la fin de celle-ci à quelques considérations générales sur les relations de l'immortalité avec la morale, avec l'évolution, avec la question sociale. Quelques réflexions d'ordre pratique cloront ces entretiens.

Les relations de la croyance à l'immortalité et de la morale ont à peine besoin d'être exposées, puisque j'ai eu déjà l'occasion d'y toucher précédemment. Je veux seulement revenir sur un malentendu qui n'est que trop général, et m'efforcer d'apporter dans l'examen de la question une élévation de vues qui fait parfois défaut.

L'immortalité est généralement considérée comme un temps de récompenses et de châtiments, récompenses pour la vertu, châtiments pour le vice. C'est là un point de vue mesquin et étroit, qui semble (mais à tort) donner satisfaction à l'idée de justice. En supposant qu'il en fût ainsi, cette conception est bien loin de correspondre à l'idée de bonté et d'amour. L'immortalité doit être conçue autrement ; elle est un temps où la création est appelée à cheminer plus sûrement vers sa fin normale, où tout ce qui, dans l'être, a correspondu à cette fin et travaillé pour cette fin, peut poursuivre son œuvre, et où, par contre, tout ce qui a pris une direction inverse est successivement supprimé et anéanti. L'immortalité est une phase de marche triomphale pour le bien et de défaite pour le mal. La vie terrestre est un champ où s'opère la sélection entre les personnalités morales capables d'une marche en avant et celles qui, se laissant rebuter par les difficultés de la route, doivent la joncher de leurs dépouilles inanimées. A l'extrémité de ce champ terrestre commence l'immortalité, qui est la voie ouverte vers l'idéal. Les personnalités morales bien constituées et bien orientées peuvent seules s'y engager.

L'immortalité est donc la voie tracée à la marche évolutive de l'esprit. L'immortalité est la condition nécessaire de l'évolution : s'il n'y avait pas de vie ultra-terrestre, toute l'évolution terrestre serait inutile et sans but. La part faite à la terre dans l'évolution, c'est la constitution de personnalités morales, à travers une longue série d'efforts et de progrès. Ce résultat général et final me paraît d'une évidence qui s'impose. Il y a eu là une somme immense de travail continu et prolongé, qui serait frappée de stérilité, si ces êtres pourvus désormais d'une organisation psychique supérieure devaient tomber dans le néant, comme personnalités et comme faisceaux désormais permanents.

Je sais bien qu'il est une doctrine de l'immortalité qui conçoit la permanence d'une manière toute différente. Oui, dit-on, il y a une immortalité, mais c'est l'immortalité des œuvres, l'immortalité des effets, l'immortalité des résultats, mais non l'immortalité de l'être. Rien ne se perd, en effet ; et toute action a dans l'univers un retentissement destiné à se propager jusqu'aux limites les plus reculées du temps. L'immortalité de l'artiste réside dans ses chefs-d'œuvre qui défient le temps, et qui sont la source d'un rayonnement dont les vibrations ne sauraient s'éteindre. L'immortalité de l'écrivain, du penseur, de l'historien, réside dans leurs œuvres qui répandent la vérité et la propagent à l'infini ; l'immortalité de l'homme de bien, c'est l'effet de ses actes de justice et de charité, dont le retentissement aura lieu perpétuellement et d'âge en âge, soit dans la mémoire des hommes, soit dans l'ensemble des mouvements généraux de l'humanité. L'effet d'une pierre qui tombe n'est pas seulement ce léger ébranlement de l'eau qui s'évanouit pour nos sens après une courte période d'ondulations circulaires. Non, ces ondulations initiales se continuent successivement sous forme de vibrations plus faibles, parce qu'elles sont plus étendues, et qui vont ainsi indéfiniment se prolonger d'âge en âge, vibrations perdues pour nos sens, et fondues dans le tourbillon incessant des vibrations qui se pénètrent et se mèlent dans le bouillonnement moléculaire et silencieux de l'univers. Il en est de même des pensées et des actes de la personnalité morale. Les rayons qu'elle a projetés se répandent et se perpétuent: c'est là son immmortalité. Mais la personnalité elle-même est un être qui se désagrège; et elle cesse par cela même d'exister comme telle. C'est un arbre qui a porté ses fruits et qui meurt.

Les conséquences d'une pareille conception de l'immortalité sont graves, et il convient de les examiner avec soin.

Je ne veux point contredire à cet axiome que rien ne se perd, et que tout mouvement, toute pensée a une répercussion dans l'infini de l'avenir. Cette vue ainsi exprimée est certainement pour nous purement théorique. Nous ne pouvons la démontrer. Mais la science la considère comme logique, et nous sommes disposés à la croire vraie. Mais il en résulte cette conséquence que les mouvements, soit psychiques, soit matériels, se propagent également bien, qu'ils soient bons ou qu'ils soient mauvais. Dès lors, la situation du monde restera la même, et toute marche progressive est enrayée. Pour que le progrès puisse se réaliser, il faut nécessairement que les mouvements qui tendent au bien, qui réalisent le bien, trouvent des conditions de multiplication et de permanence qui soient refusées aux mouvements de sens contraire. Or, parmi les mouvements progressifs et tendant à la réalisation du bien, je ne crois pas qu'on puisse en signaler un de plus caractérisé, de plus remarquable que le mouvement de cohésion et d'organisation qui tend à constituer la personnalié psychique et morale. L'étude de la biologie tout entière conduit à constater ce résultat. Le sens de ce mouvement et son importance capitale pour le progrès ne sauraient être méconnus. La permanence de ce mouvement, c'est-à-dire la conservation de la personnalité, ou, en d'autres mots, l'immortalité personnelle, apparaît donc comme étant de beaucoup la meilleure manière d'assurer à l'évolution sa marche ascendante et sa réalisation.

Croire à l'immortalité de l'œuvre et nier celle de l'ouvrier, c'est sans doute croire à la permanence du bien, mais aussi à la permanence du mal ; tandis que croire à l'influence conservatrice ou destructive de l'œuvre sur l'ouvrier, c'est affirmer l'immortalité du bien et la disparition progressive du mal. Le bien comme le mal moral ne peuvent, en effet, résulter que de la volonté de la personnalité morale consciente. La formation parfaite et la permanence de la personnalité morale assurent le triomphe du bien, comme la constitution volontairement imparfaite de cette personnalité et sa désagrégation finale conduisent à l'extinction progressive du mal.

Il ressort de ces premiers aperçus que l'évolution de l'esprit et la marche vers l'idéal moral semblent se concilier assez mal avec la non existence de l'immortalité.

Il y a cependant une face de la question que nous ne pouvons laisser inaperçue. On peut nous dire, en effet, ceci : en dehors de la conservation et de la permanence de la personnalité morale, l'évolution progressive de l'univers, qui n'est autre que l'évolution progressive de l'esprit, est encore possible. Il suffit, en effet, que l'univers soit tel, que la somme des mouvements louables l'emporte constamment sur celle des mouvements condamnables et rétrogrades. De là résulterait, en effet, une somme de bien dont la supériorité sur la somme du mal s'accentuerait d'une manière incessamment croissante, si bien que le mal serait de plus en plus submergé par le bien.

Mais une telle conception comporte encore l'immortalité ou l'éternité du mal, car si la somme du mal s'accroît moins que celle du bien, elle n'en augmente pas moins ; et, quelque faible qu'elle soit, elle n'en est pas moins une quantité non négligeable, qui tiendra toujours la création à distance de l'idéal.

En définitive, l'immortalité des œuvres établit entre le bien et le mal une égalité de droits à l'immortalité, qui se concilie mal avec une conception progressiste et évolutive de l'univers. Cette dernière comporte nécessairement des conditions d'accroissement et de permanence pour le bien, et des conditions de décroissance et d'abaissement pour le mal. Or, ces conditions ne sauraient se trouver réalisées dans un monde où le bien et le mal auraient d'égales chances de durée; tandis que la permanence de la personnalité morale devenue source continue de bons mouvements, et la disparition, d'autre part, des personnalités imparfaites, sources des impulsions rétrogrades et dégradantes, assurent la continuité du progrès et le triomphe définitif du bien.

Mais on doit faire à cette conception de l'immortalité des œuvres une objection bien plus grave. C'est qu'elle mutile la morale, en mutilant la conscience morale. Le propre et l'honneur de la personnalité morale, c'est qu'elle est consciente, c'est qu'elle a la claire notion du bien et du mal, c'est qu'elle a le sentiment profond de sa responsabilité et de sa fin. Or, ces mouvements, ces vibrations impersonnelles, qui vont entrer dans le concert général de l'univers, qui vont devenir de simples composants dans la masse totale, comme des vibrations de cordes isolées dans un immense concert où se perd leur autonomie; — or, dis-je, ces mouvements impersonnels ne nous permettent guère de penser à une conscience morale connaissant l'obligation, et douée de responsabilité. Car il ne reste, en définitive, de l'être moral qu'un tourbillon impersonnel de vibrations harmoniques ou discordantes.

Et d'ailleurs, cette dissolution générale des groupements psychiques n'est-elle pas en contradiction formelle avec ce que l'observation nous a permis de constater? Le but capital, le but central, et unique au fond, de la vie terrestre est, tout entier, renfermé dans cette formule : accumuler et organiser de plus en plus l'esprit pour aboutir à constituer des groupements personnels et conscients, capables de rendre l'esprit de plus en plus manifeste et puissant. Pour atteindre ce but, la nature a créé le plasma germinatif, et l'a doué d'une immortalité potentielle, afin qu'il pût fournir, pendant toute la longue durée de la vie sur le globe, une série ininterrompue et innombrable de germes capables de donner naissance à tous les termes de l'évolution des êtres vivants. Mais cette évolution même, dont le but évident était la manifestation de plus en plus éclatante de l'esprit, et son organisation progressive en individus et en personnalités, — cette évolution même a exigé le sacrifice progressif de l'immortalité potentielle du plasma germinatif. Progressivement, en effet, et dans le but d'assurer le perfectionnement de l'esprit, par le concours du perfectionnement des organes, le plasma germinatif s'est de plus en plus restreint, pour céder la place au tissus nerveux, au tissu musculaire, au tissu sécrétant, etc., c'est-à-dire à des tissus qui, pauvres en pouvoir d'amorce ou de régénération, sont voués fatalement à la mort. L'immortalité potentielle du plasma germinatif a donc été le prix de la constitution et de l'organisation de la personnalité morale ; car le plasma n'est qu'une forme et qu'un moyen, tandis que l'organisation de l'esprit est le but. L'immortalité d'une partie du plasma a été donc sacrifiée en vue d'une fin supérieure, mais en vue de quelle fin plus élevée encore serait sacrifiée l'immortalité de la personnalité morale ? Nous ne le voyons pas, car nous ne connaissons rien de supérieur, rien de plus élevé, rien de plus merveilleux que cette personnalité.

Ainsi donc, péniblement, à travers de longs labeurs et des phases sans fin, qui sont pour nous le témoignage de l'importance et de la grandeur de l'œuvre, la personnalité morale s'est affirmée et perfectionnée ; et nous devrions penser que cette longue période d'efforts et cette longue suite de résultats doivent avoir pour conséquence naturelle et pour couronnement une période de la vie sidérale où un édifice si merveilleux sera complètement désagrégé et démoli, pour faire place à je ne sais quelle poussière psychique, bientôt mêlée et confondue dans le tourbillon confus du psychique universel? N'est-ce pas qu'il est difficile de trouver quelque logique dans une pareille solution? et n'est-elle pas en contradiction absolue avec tout ce que l'observation directe nous a permis de constater, c'est-à-dire avec ce fait que l'effort évolutif de la vie terrestre n'a cessé de se concentrer vers la formation d'organismes psychiques personnels et responsables.

La logique et le droit d'affirmer sont certainement pour ceux qui considèrent l'évolution comme une marche soumise à une direction rationnelle vers une fin précise et voulue, et dont les diverses phases, se reliant les unes aux autres par des processus communs, font des phases ultérieures les prolongements de celles qui précèdent. En dehors de cette notion, il n'y a, me paraît-il, qu'inconséquence et pure fantaisie, et il reste à démontrer que la fantaisie pure, c'est-à-dire le caprice, a sa place marquée dans la nature.

On ne peut donc s'empêcher de voir, dans le défaut d'immortalité personnelle, un mensonge de la nature et la banqueroute de la morale et de l'évolution.

Il ne faut point compter aujourd'hui ouvrir un livre ou une revue traitant de questions générales ou de questions proprement humaines, sans y rencontrer, à un degré quelconque, la mention de la question sociale. C'est, en effet, la grande question actuelle, celle vers laquelle convergent toutes les questions. Il n'est certes pas nécessaire de forcer les rapprochements pour affirmer qu'il y a entre la question sociale et la question de l'immortalité des points de contact considérables.

L'inégalité de condition parmi les hommes ne date certes ni d'aujourd'hui, ni d'hier. Elle a dû se produire le jour même où deux hommes ont été en présence l'un de l'autre. Quoi que cette inégalité ait eu des variations d'intensité et de forme suivant les diverses civilisations, il y a toujours eu des heureux et des malheureux, des privilégiés et des déshérités.

Des croyances diverses, mais le plus souvent d'ordre religieux, ont aidé les déshérités, les souffrants, à supporter sans trop de révolte leur état inférieur, et à se contenter d'une part restreinte dans l'héritage terrestre. Parmi ces croyances, la foi à l'immortalité a été certainement la plus importante et la plus efficace. Les malheureux se sont consolés en espérant les compensations et les joies de la vie à venir, et ils ont attendu avec patience ce jour de l'équité éternelle. Le rôle pacificateur et consolateur de la croyance à une vie ultra-terrestre ne pouvait manquer, à notre époque de revendications pressantes et, parfois altières et violentes, de jeter un grand discrédit sur la croyance à l'immortalité. On n'a pas, en effet, manqué de repousser énergiquement cette croyance et de la dénoncer comme une doctrine propagée par les heureux et les puissants, dans le but intéressé d'inspirer la patience et la soumission aux malheureux et aux faibles. Les croyances religieuses, qui comptent l'immortalité comme un article de leur *Credo*, ont porté, dans certains milieux, la peine d'une prétendue complicité en faveur des fortunés.

J'obéis simplement à un sentiment de justice, en protestant contre ce jugement, qui témoigne d'une ignorance profonde ou d'un injuste parti-pris. L'impartialité exige que des vues si mesquinement intéressées ne soient point prêtées, à la légère, à des doctrines religieuses qui proclament la fraternité des hommes, leur profonde solidarité, la nécessité d'aimer son prochain comme soi-même, et qui réservent rigoureusement l'immortalité à ceux qui, s'oubliant eux-mêmes, ont su se sacrifier et se donner pour le bonheur des autres.

Les considérations qui précèdent sont de nature à nous mettre en présence des conséquences pratiques de la croyance à l'immortalité. Je demande à y ajouter quelques mots qui soient plus étroitement en relation avec le caractère que j'ai attribué à l'immortalité.

J'ai regardé l'immortalité comme le prolongement de la vie terrestre. J'ai dit aussi que l'immortalité était le lot exclusif des personnalités morales bien constituées, grâce à une suite persévérante d'efforts dus à une volonté ferme et bien orientée. J'ai dit encore que la vie ultra-terrestre, prolongement de la vie terrestre, n'était ni le stationnement, ni l'oisiveté ; qu'elle n'était qu'une phase de la vie plus favorable à l'évolution de l'esprit par le perfectionnement de l'être spirituel.

Il suit de là quelques conséquences pratiques qui me semblent valoir la peine d'être formulées.

Si la personnalité morale est le fruit d'une saine activité morale, d'une vie d'efforts et de luttes contre le mal, il importe au plus haut degré de faire l'éducation de la conscience morale et de fortifier la volonté. Cette éducation dépend d'abord des parents et de ceux qui ont charge de la jeunesse. C'est vers cet horizon bien plus encore que vers la science que doivent se diriger leurs regards. Qu'ils sachent bien que c'est de leur influence sur ces personnalités encore jeunes et qui cherchent leur orientation que dépend l'achèvement de l'édifice personnel, et que l'immortalité de l'être moral est entre leurs mains : ils en sont responsables !

Mais l'homme s'émancipe un jour, et devient maître de lui-même; alors commence son rôle personnel, et à lui revient le devoir de se compléter par l'effort, de surveiller sa volonté, de la préserver des défaillances et des erreurs qui peuvent conduire son faisceau soit à l'impuissance, soit à la désagrégation. C'est alors que l'homme se fait lui-même et qu'il devient le collaborateur de Dieu, ce qui est un grand privilège et la source d'une grande responsabilité. Il peut se faire immortel, mais il peut aussi s'anéantir pour jamais : c'est à lui de saisir la vie éternelle, selon la parole de l'Apôtre. Je dis saisir, je ne dis pas recevoir ou accepter, demander, rechercher, mais saisir, c'est-à-dire porter résolûment la main, guidée par un sûr coup d'œil, vers le trésor inestimable, vers la perle de grand prix. Tel est le but suprême de la vie et la réalisation parfaite de l'évolution.

Mais si la vie terrestre est le temps qui nous est donné pour la préparation de l'immortalité, si la constitution de notre personnalité impérissable est le fruit de notre travail volontaire, notre devoir est clairement indiqué. Nous devons aimer la vie comme un temps précieux dont il faut user avec grande conscience et avec grand sérieux. Nous devons l'aimer non pas tant pour les plaisirs que nous pouvons y trouver, que pour le fruit dont elle permet de préparer la maturation.

Nous devons, en la considérant à son vrai point de vue, la regarder comme un privilège et un don inestimable, dont les amertumes et les douleurs constituent peut-être (quoi que nous en pensions) les parts les plus précieuses, puisqu'elles sont les jalons directeurs vers l'immortalité et les barrières qui empêchent la chute dans le gouffre du néant.

Notre amour et notre respect pour la vie doivent nous conduire à travailler joyeusement à *nous faire* nous-mêmes, à resserrer fortement le faisceau de notre personnalité morale, à l'orienter vers le bien et vers la recherche de tout ce qui peut nous rapprocher de l'immortalité.

Tout est donc normalement travail, activité, perfectionnement de l'être, marche incessante vers l'idéal; et il n'est pas, dans l'évolution de l'univers, de temps pour l'inaction et pour la paresse. Le travail est la loi universelle ; le seul progrès que l'on soit en droit de désirer et d'espérer, c'est qu'il devienne de plus en plus joyeux et efficace. C'est là ce que nous devons attendre de la vie à venir ; et si la vie terrestre, laborieuse et progressive, est la monnaie avec laquelle s'achète l'immortalité, *il vaut donc la peine de vivre !*

Et s'il en est ainsi : que nous reste-t-il à faire? Répéter le mot de l'empereur mourant : *Et nunc laboremus.* Et maintenant travaillons :

Travaillons ! à quoi ?

A devenir puissants? savants? célèbres? Oui sans doute ; ce sont là des ambitions légitimes, à condition que, pour y parvenir, il n'en coûte rien à notre loyauté et à notre droiture.

Mais il y a encore une ambition plus haute: celle de devenir *bons*. C'est la loi suprême et la fin de l'évolution.

APPENDICE

Je crois devoir donner ici quelques explications sur un petit nombre de questions qui m'ont paru embarrasser particulièrement ceux de mes auditeurs qui étaient étrangers à l'étude des sciences naturelles.

1° *Plasma primitif, plasma germinatif, cellules somatiques, cellules germinatives, conjugation, fécondation, rajeunissement.*

Dans le cours des conférences qui précèdent, je me suis suffisamment étendu sur ce qu'il faut entendre par plasma ou protoplasme. J'ai également exposé ce qu'il fallait entendre par plasma primitif, c'est-à-dire un plasma formé à l'origine de la vie, susceptible d'être la base des phénomènes vitaux, et doué en particulier d'un pouvoir considérable d'amorce et de régénération qui assurait son immortalité conditionelle. Ce plasma primitif, s'est non seulement réparé, regénéré ; mais en lui l'énergie créatrice a dépassé de beaucoup la proportion des pertes subies dans le mouvement vital, si bien qu'il s'est rapidement et considérablement accru et est devenu le point de départ de tous les êtres vivants. Le plasma primitif s'est organisé en cellules, c'est-à-dire en petites masses distinctes, qui à l'origine ont vécu isolément et ont constitué ce que nous appelons actuellement les protophytes (premiers végétaux) et les protozoaires (premiers animaux) mono-cellulaires, c'est-à-dire formés d'une seule cellule. Cette cellule représentant tout l'organisme de l'être, en a aussi constitué le germe, et s'est multipliée par division. C'est là ce que nous pouvons observer chez les protozoaires mono-cellulaires actuels. Une cellule se divise en deux, qui constituent deux êtres distincts. A leur tour ces deux derniers se divisent en deux autres, et par là sont constitués quatre êtres vivants, et ainsi de suite.

Mais les protozoaires qui se divisent ainsi peuvent conserver pendant quelque temps une sorte d'union entre les cellules qui proviennent d'une série de divisions successives. De là résulte un groupe de cellules toutes semblables entre elles, et qui forment un protozoaire poly-cellulaire (à plusieurs cellules). Ce qui caractérise ce protozoaire, c'est que les cellules qui constituent le groupe ont une égale valeur, se séparent un jour, et deviennent autant de cellules germinatives qui se diviseront à leur tour, constitueront de nouveaux groupes semblables au premier, et ainsi de suite.

On voit donc que, dans ces protozoaires, il n'y a au fond qu'une espèce de cellules, que toutes sont équivalentes et représentent des germes. Toutes donc renferment une quantité plus ou moins considérable de plasma primitif devenu plasma germinatif, c'est-à-dire jouant le rôle de germe.

Il va en être tout autrement pour le groupe d'animaux que l'on désigne sous le nom de métazoaires.

Ici l'organisme va se diviser en deux groupes de cellules bien distincts l'un de l'autre. L'un sera le groupe des cellules germinatives, c'est-à-dire capables de servir de germes, et qui ont par conséquent conservé intact en elles le plasma germinatif. Ces cellules sont renfermées dans les glandes reproductrices qui sont plus ou moins disséminées, ou plus ou moins concentrées et délimitées.

L'autre groupe est formé par les cellules somatiques, celles qui constituent le corps proprement dit de l'animal, abstraction faite des glandes reproductrices. Ce sont les muscles, les cellules nerveuses, les os, les épithéliums, le tissu graisseux, les glandes ordinaires, les globules du sang, etc. etc.

Ces élément, ces cellules ont perdu plus ou moins le plasma germinatif qu'elles renfermaient à leur origine, et sont incapables de servir de germes, d'éléments reproducteurs. Parfois même elles semblent ne plus en avoir gardé de traces notables et être incapables même de se réparer, de se régénérer elles-mêmes.

Comment s'est faite cette séparation des cellules des métazoaires en deux groupes si distincts? Comment s'est opéré ce départ? Je vais l'expliquer en peu de mots.

La cellule germe du métazoaire, c'est-à-dire l'œuf fécondé, tend à se diviser comme la cellule germinative qui constitue tout le corps du protozoaire. Elle se divise et se multiplie et forme ainsi un groupe de cellules qui restent unies.

Ce groupe de cellules qui se disposent d'abord, (et pour ne parler que des cas les plus simples et les plus réguliers), sous la forme d'une sphère massive (*morula*), et ensuite sous la forme d'une couche sphérique enveloppant une cavité (*blastula*), ce groupe, dis-je, est composé de cellules semblables entre elles, formées de plasma germinatif, et correspondant, par conséquent, à l'état du protozoaire polycellulaire; seulement ici ces cellules ne sont pas destinées à être un jour désunies et à servir toutes de germes.

Après des transformations qui donnent à cet ensemble la forme désignée sous le nom de *gastrula*, et qui résulte généralement de l'invagination, de la pénétration, sous forme de doigt de gant retourné, d'un hémisphère dans l'autre, le groupe cellulaire se trouve constitué par deux couches de cellules, l'une externe et recouvrante que l'on appelle ectoderme, et l'autre interne ou recouverte que l'on désigne comme entoderme. Entre ces deux couches, et avec des éléments qui proviennent plus ou moins de l'une ou de l'autre, se constitue une troisième couche qui est le mésoderme. Ces trois couches réunies constituent ce que l'on appelle le blastoderme ; et de ces trois couches de cellules vont se former tous les systèmes de tissus, et tous les organes de l'animal. L'entoderme formera l'épithélium intestinal, c'est-à-dire la couche interne de cellules de l'intestin et les glandes qui en dépendent ; l'ectoderme formera surtout l'épiderme, un certain nombre d'organes qui en dépendent et le système nerveux. Enfin le mésoderme formera surtout les os, les muscles, les vaisseaux, les organes reproducteurs, etc.

Mais ce résultat, qui a pour fin la constitution d'un organisme où les fonctions sont multiples, et où s'établit la division du travail, ce résultat est la conséquence de modifications internes qui transforment les cellules d'abord semblables de la *blastula* et de la *gastrula* en cellules différentes par la forme, la structure, et la composition.

Les cellules de la *blastula* étaient formées de

plasma germinatif, mais, progressivement, dans les cellules appelées à constituer les divers organes, ce plasma s'efface et est remplacé par un tissu d'une nature spéciale qui caractérise un système différencié. Ainsi, dans la cellule appelée à être cellule musculaire, il se dépose un produit spécial, résultant de l'activité de la cellule, et qui sera un élément contractile, capable de se raccourcir ou de se relâcher sous certaines influences, et qui effectuera les phénomènes de mouvements du corps. Ce nouvel élément diffère considérablement du plasma germinatif. Il est incapable de se suffire à lui-même, de se nourrir, de se réparer, et à plus forte raison de se multiplier. Il est placé sous la tutelle et confié aux soins de la portion du plasma germinatif qui reste encore auprès de lui ; mais, la quantité et la qualité de ce plasma sont appelées à décroître et à se modifier par suite même de la production et de l'accroissement de l'élément contractile. Il se réduit de plus en plus ; et la cellule, devenue cellule musculaire, incapable de se réparer elle-même, et n'ayant plus auprès d'elle qu'un nourricier insuffisant, est nécessairement appelée à se détériorer et à périr. Elle a perdu son immortalité en cessant d'être plasma germinatif. Il en est de même de la cellule qui devient cellule nerveuse, parce que son plasma germinatif est envahi et modifié par la présence d'un élément spécial, l'élément nerveux; et ainsi de suite pour les autres tissus.

Mais il est des cellules plus ou moins groupées, dépendant généralement du mésoderme, qui ne participent pas à ces transformations spéciales. Ces cellules conservent leur composition primitive; étant formées comme toutes les autres, au début, de plasma germinatif, elles restent ce qu'elles étaient, et constituent proprement les germes. Aussi conservent-elles l'aptitude à l'immortalité.

Mais cette immortalité est soumise à des conditions diverses, que j'ai suffisamment analysées dans les conférences qui précèdent. Il en est une, cependant, que j'ai à peine indiquée, et sur laquelle il convient de dire un mot.

Selon toutes probabilités, et, si l'on en juge par ce que montre aujourd'hui l'observation chez les êtres vivants les plus inférieurs, le plasma primitif était par lui-même, et en dehors de toute influence d'une autre portion de lui-même, susceptible de renouvellement indéfini, et par conséquent d'immortalité. C'est ce que nous voyons aujourd'hui chez des végétaux très inférieurs, les batéries et certaines algues inférieures, par exemple. Mais dans les degrés plus élevés de la vie, l'immortalité du plasma germinatif est soumise à une condition spéciale qui est celle de la conjugaison ou de la fécondation.

Deux infusoires ciliés, protozoaires qui sont

chacun composés d'une seule cellule, possèdent l'aptitude à l'immortalité. Ils pourront se diviser, se multiplier un grand nombre de fois sans qu'il y ait dans toute cette descendance un phénomène réel de mort, c'est à dire un cadavre.

Mais vient un moment où la puissance prolifique du plasma germinatif tend à s'épuiser, où des signes de sénilité sont près de se produire, et où la mort, le cadavre ne tarderaient pas à se montrer. A ce moment, il suffit que deux infusoires, qui se trouvent dans ces conditions, se rapprochent, s'unissent pendant un temps qui peut varier de quelques heures à plusieurs jours, fassent échange de la huitième partie de leurs petits noyaux, et se séparent enfin, pour que toute trace de vieillesse et de décrépitude disparaisse, et pour que ces deux êtres récupèrent leur première jeunesse et leur première énergie, et ainsi de suite indéfiniment. Il y a donc là réel renouveau. Et ce processus désigné comme conjugation, constitue un vrai rajeunissement. L'immortalité des infusoires ciliées est donc soumise à la condition du rajeunissement par conjugation. Pour les métazoaires le rajeunissement est également pratiqué; mais il diffère de celui des infusoires en ceci que, s'il y a rapprochement et fusion de deux germes, le germe mâle et le germe femelle, de cette fusion il ne résulte qu'un seul être, qui est un être rajeuni, au lieu de deux. C'est là ce qu'on appelle la fécondation.

Comme on le voit, la fécondation n'est pas une multiplication ; attendu que si, chez les infusoires ciliés, la conjugation ne produit pas d'être nouveau, chez les métazoaires la fécondation confond les deux êtres distincts, les deux germes en un seul, qui est l'œuf fécondé : la fécondation n'est donc aussi qu'un rajeunissement.

La multiplication des êtres ne se fait proprement que par division, par bourgeonnement. La conjugation et la fécondation ne sont que des modes de rajeunissement qui assurent l'immortalité du plasma germinatif. Il n'y a pas dans ces processus physiologiques l'apparition d'êtres nouveaux, mais la conservation, le rajeunissement d'êtres déjà existants, les germes.

2° *L'âme du plasma germinatif.* J'ai parlé à la page 173 de ce volume de la *petite âme* du plasma germinatif. Ce mot aura surpris des auditeurs dont la pensée ne s'est pas arrêtée sur l'ordre de faits que j'étudie ici. Une âme, dira-t-on, attachée à un morceau de plasma ! une âme dans une particule de protoplasme ; quelle étrange affirmation ! Elle n'est pas si étrange, si l'on veut bien y réfléchir. Et, en effet, le nouvel être qui résulte de la fécondation, c'est-à-dire de la fusion de deux germes, c'est-à-dire de deux particules infiniment petites de plasma germinatif, présente des phénomènes d'hérédité physique et psychique qui rappellent, dans ces deux ordres de phénomènes, les qualités des deux parents. Il faut donc bien admettre comme entièrement rationnel, que, de même que le germe considéré au point de vue matériel constitue une partie détachée de l'organisme paternel ou maternel, de même aussi ce germe possède en lui quelque chose de l'âme paternelle et maternelle, un germe d'âme, qui comme le germe corporel, se développera et évoluera dans un sens déterminé, mais en conservant et manifestant toujours en lui, le souvenir des aptitudes et des tendances paternelles et maternelles. On voit donc que les cellules germinatives, portions infimes de plasma germinatif, recouvrent chacune comme forme une petite âme, germe de l'âme future. J'avais donc raison de parler de la petite âme du plasma germinatif.

3° *Animaux parasites*. A propos du rôle bienfaisant de la douleur, et de son action comme stimulant et aiguillon de l'évolution progressive, j'ai eu l'occasion de dire que les animaux parasites qui avaient pour ainsi dire libéré le plus possible leur vie de l'obligation de l'effort et de la souffrance, en vivant aux dépens d'autrui, et en s'abritant dans l'intérieur de l'organisme de leur hôte, subissaient une dégénération un abaissement physiologique correspondant, et représentaient un recul réel au lieu d'un progrès. J'ai invoqué, à l'appui de cette proposition, le fait que ces organismes dégénérés et abaissés provenaient originairement d'organismes normaux et élevés qui pratiquaient librement la lutte et l'effort pour l'existence.

Quelques auditeurs, peu familiarisés avec les sciences biologiques, m'ont demandé comment on pouvait savoir que les parasites n'avaient pas été créés comme tels, et qu'ils provenaient d'ascendants libres et normalement constitués.

A cela il est facile de donner une réponse. Et, d'abord, on ne peut supposer que les parasites des mammifères et de l'homme en particulier aient existé *comme tels,* avant l'apparition des mammifères et de l'homme. Il a donc fallu, ou bien qu'ils aient été créés *directement* après l'homme, ce qu'aucun naturaliste n'admettra puisque ces animaux appartiennent, à des groupes qui ont fait leur apparition bien avant l'homme, ou bien qu'ils soient provenus d'animaux d'un groupe, qui n'étant pas encore parasite, ne présentait pas les caractères du parasitisme, qui sont toujours des caractères de dégradation et d'abaissement. Voilà une première preuve qui est une preuve de raison, dirais-je. Mais il y a aussi des preuves de fait, d'observation.

Il existe des animaux parasites qui sont parasites dès leur naissance, et chez ceux-là, la dégradation organique est manifeste dès leur origine, dès leur sortie de l'œuf ; mais il en est d'autres qui ne deviennent parasites qu'à une certaine phase de leur existence ; soit au début, soit vers la fin. Eh bien, il y a ceci de très remarquable que tant que ces animaux sont libres, ils présentent exactement la constitution perfectionnée des groupes auxquels ils appartiennent, et que dès qu'ils entrent dans la vie parasitaire, se manifestent et s'accentuent en eux les dégradations correspondantes. La sacculine, crustacé cirripède qui vit fixé sous l'abdomen des crustacés décapodes, est de ce fait un exemple remarquable. Tandis que la larve présente des phases nauplienne et cypridienne libres, où elle a toute la structure des cirripèdes non parasites à ces mêmes phases de développement, dès que la larve cypridienne se fixe par ses antennes à son hôte, commence en elle une série de regressions et de dégénérations qui finissent par transformer cet animal compliqué à l'origine, en une sorte de sac saillant rempli d'œufs, portant des ramifications qui pénètrent comme des racines entre les viscères de l'hôte et y absorbent les matériaux nutritifs. La bouche, les membres disparaissent, et le système nerveux reste très réduit.

On peut ajouter d'une manière générale, que

bien des groupes d'animaux présentent certaines formes parasitaires, et d'autres formes qui pratiquent la vie libre, et que dans un même groupe, les parasites ont une constitution et une organisation bien inférieures à celles de leurs congénères libres.

On voit donc qu'il n'est pas téméraire de considérer les animaux parasites comme provenant d'ancêtres non parasites chez lesquels l'introduction de la vie parasitaire a introduit aussi la dégradation organique.

TABLE DES MATIÈRES

Avant-propos. . . . . I à XXIX

Première conférence : Qu'est-ce que la vie et la mort? De l'immortalité en général. Immortalité de la personnalité. Point de vue spécial du conférencier. Méthode suivie. — Y a-t-il opposition entre la croyance à l'immortalité personnelle et les données de la science? Présomptions morales et biologiques. 1

Deuxième conférence : Tout ce qui a un commencement doit-il avoir une fin? De l'immortalité considérée dans la matière en général. De l'immortalité dans la matière organisée et dans la vie physiologique. Le protoplasme et ses facultés. Son immortalité. Genèse et évolution progressive du protoplasme. Conditions possibles et probables d'une vie ultra-terrestre. De la personnalité ; ses degrés ; sa constitution et son évolution à travers les phases de la vie animale sur le globe. . . . 24

Troisième conférence : Le cerveau et la pensée. Le cerveau et la personnalité. De l'origine de l'esprit. Du rôle des accumulateurs dans le monde physique, dans le monde physiologique, et dans le monde psychique. — Qu'est-ce que l'esprit?

La vie est partout. L'esprit est partout. L'esprit et les forces générales de la matière. De l'indéterminisme relatif. 61

Quatrième conférence : Théorie biologique de l'art. — Qu'est-ce que la matière ? La matière et l'esprit. La forme et l'esprit. L'œuvre d'art est un organisme vivant. Est-elle capable d'immortalité ? La vie de la statue. La vie du poème et de la mélodie. La vie du tableau et du monument. L'œuvre d'art est une individualité accumulatrice et rayonnante. C'est un organisme dont l'âme est unilatérale. La fin de l'art. L'esthétique indépendante de M. Maurice Pujo. 103

Cinquième conférence : La personnalité psychique peut-elle devenir indépendante du centre cérébral ? Du plasma ultra-terrestre. — Question de son origine et de ses facultés. L'immortalité de la personnalité. Preuves déduites de l'immortalité du plasma germinatif. Ce plasma peut-il suffire à une nouvelle phase évolutive de l'esprit ? Doit-il céder la place à un nouveau plasma ?. 152

Sixième conférence : Conditions morales de l'immortalité de la personnalité. Cette immortalité n'est pas nécessaire ; elle est conditionnelle. Intégrité et dissolution de la personnalité. Absorption des personnalités faibles par les personnalités fortes. La mort de la personnalité est la sanction de la loi morale. Valeur de cette sanction. Du rôle de la douleur dans l'évolution. Relation entre l'état moral et la conception de la sanction. La vie ultra-terrestre, prolongement de la vie terrestre. 190

Septième conférence : Que faut-il entendre par personnalités fortes et faibles ? Critique biologique de la doctrine du salut universel. — Questions délicates. Immortalité de l'enfant. Immortalité de l'être mentalement atteint. L'âme des bêtes. Son rôle dans l'évolution. Peut-elle être immortelle ? L'immortalité et la morale. Immortalité des œuvres. L'immortalité et la question sociale. Conclusion pratique de ces conférences. . . . 229

Appendice : 1° Plasma germinatif, cellules somatiques, cellules germinatives, rajeunissement, etc. — 2° Ame du plasma germinatif. — 3° Animaux parasites et évolution régressive. 275

ALENÇON. — IMPRIMERIE GUY, VEUVE, FILS ET Cie

LIBRAIRIE FISCHBACHER, 33, RUE DE SEINE, PARIS

EN VENTE :

Le Problème de l'Immortalité. — Étude précédée d'une lettre de Charles Secrétan, par E. PÉTAVEL-OLLIFF, docteur en théologie. 2 vol. gr. in-8°.. 12 »

La Vie future et la Science moderne. — Lettre à un pasteur, par G. A. HIRN. Un volume in-12...................... 2 50

La Vie future d'après l'enseignement de Jésus-Christ, par CH. BRUSTON. In-8°.................................. 2 50

La Vie future d'après Saint Paul, par CH. BRUSTON. In-8°.. 1 »

Les Lois de la Nature dans le monde Spirituel, par HENRI-M. DRUMMOND. — Traduit de l'anglais par C. A. SANCEAU, et précédé d'une introduction par EUG. RÉVEILLAUD. Un volume in-8°.. 7 50
Table des matières : Biogénésie — Dégénération. — Croissance. — Mort. — Mortification. — Vie éternelle. — Environnement. — Conformité au type. — Semi-Parasitisme. — Parasitisme. — Classification.

Les Origines, par EDMOND DE PRESSENSÉ. — I. Le Problème de la connaissance. — II. Le Problème cosmologique. — III. Le Problème anthropologique. — IV. L'Origine de la morale et de la religion. Un volume in-8°........................ 7 50

L'âme et ses manifestations à travers l'histoire, par EUGÈNE BONNEMÈRE. — Un volume in-12..................... 3 50

Croyance logique. — Dieu. — L'âme. — La vie future. — Règles de conduite par SED HUMBERT. In-12............ 0 75

Foi et Devoir. — Quatre discours sur les rapports de la religion et de la morale chrétienne, par ROGER HOLLARD. Un volume in-12.. 1 50

La Religion future d'accord avec la Science, la Raison et la Justice, par MARC BONNEFOY. Un volume in-12.......... 3 50

La Religion basée sur la morale. — Choix de discours publiés par les sociétés pour la culture morale, traduits et précédés d'un aperçu de l'histoire du mouvement moral, par P. HOFFMANN. Un volume in-12........................... 3 50

L'âme dans les phénomènes de la conscience, par CHARLES DOLLFUS. 2e édition, un volume in-12.................. 3 »

Les Problèmes. — Problème économique. — Problème international. — Problème religieux, par CHARLES DOLLFUS. 2e édition Un volume in-8°..................................... 6 »

La Plainte humaine. — Jésus. — Bouddha. — Darwin, par CHARLES DOLLFUS. 2e édition. Un volume in-12.......... 2 »

Morale et Religion, par E. THIRION. Un volume in-12..... 3 50

www.ingramcontent.com/pod-product-compliance
Lightning Source LLC
Chambersburg PA
CBHW062009180426
43199CB00034B/1747